KB234033

키워드로 읽는
중학 사회 교과서

키워드로 읽는 중학 사회 교과서

초판 1쇄 2012년 11월 27일
초판 2쇄 2016년 09월 05일

지은이 고성국

책임 편집 윤정현
마케팅 강백산, 강지연, 김가연
디자인 정은경디자인

펴낸이 이재일
펴낸곳 토토북
주소 04034 서울시 마포구 양화로11길 18 3층(서교동, 원오빌딩)
전화 02-332-6255 | 팩스 02-332-6286
홈페이지 www.totobook.com | 전자우편 totobooks@hanmail.net
출판등록 2002년 5월 30일 제10-2394호
ISBN 978-89-6496-090-5 43300

키워드로 읽는 중학 사회 교과서

중학생이 꼭 알아야 할
역사 사건 16

팀

민주 사회는 국민의 손으로 리더를 뽑습니다
리더를 잘 뽑으려면 시대를 잘 읽어야 합니다

사람은 태어나 성장하고, 일하다가 늙고 죽습니다. 나라도 세워지고 성장 발전하는 시기가 있는가 하면, 정체 퇴보하는 시기가 있습니다. 영원한 제국은 없습니다. 역사상 가장 강력한 제국이던 로마 제국과 몽골 제국도 무너져 지금은 평범한 나라인 이탈리아와 몽골로 존재하지요. 한때 '해가 지지 않는 제국'이던 영국도 지금은 여러 선진국 중 하나로 자족하고 있을 뿐입니다. 30여 년 전까지만 해도 세상의 절반을 지배하던 소련은 지금 러시아 국가 연합으로 생존에 힘쓰고 있지요. 제2차 세계 대전 후 초강대국의 지위를 유지하고 있는 미국도 역사상 모든 제국이 겪었던 것처럼 언젠가는 평범한 나라로 살아가게 될 것입니다.

이 나라들이 한창이던 시기에는 어떤 특징이 있었을까요? 발전하는 사회는 사회 구성원 모두의 잠재력을 한 방향으로 모아 내는 리더가 있고, 리더의 지휘 하에 구성원 모두 '한번 해 보자'는 열정, '하면 된다'는 결의로 똘똘 뭉쳐 열심히 일하고 창의력을 발휘하지요.

리더는 ① 사회 발전의 방향을 구체적으로 제시하고

② 구성원의 역량을 한 방향으로 모아 내며

③ 구성원의 창의성이 잘 발휘되도록 해야 합니다.

리더란 사회가 나아갈 방향을 제시하고 구성원의 역량을 결집하는 사람입니다.

진정한 리더는 강압과 강권이 아니라 설득으로 나라를 운영합니다. 구성원 모두가 공감할 수 있는 사회 발전 방향을 제시함으로써 사회를 이끌어 갑니다. 리더가 제시하는 방향이 사회 발전의 방향에 맞으면 그 사회는 전성기를 맞지만, 사회 발전 방향과 맞지 않으면 사회도 침체합니다. 리더도 사회(시대)를 잘 만나야 하고 사회도 리더를 잘 만나야 한다는 뜻이지요.

한 사회가 필요로 하는 리더의 자질, 즉 리더십은 그가 속한 사회의 상태와 역사적 여건에 따라 달라집니다. 사회 구조가 비교적 단일하고 목표가 분명할 때는 추진력이 강하고 앞서서 끌고 나가는 리더십이 잘 맞습니다. 반면 사회가 복잡하고 사회 발전 목표도 다양하고 다원적일 때는 구성원의 생각을 잘 듣고 구성원 간의 차이를 조율하여 타협과 통합을 이끌어 내는 리더십이 필요하지요.

지금 우리 사회는 어떤 리더십을 가진 사람을 필요로 할까요? 국민이 유권자로서 국가의 주인 노릇을 제대로 하려면 먼저, 우리가 어떤 시대를 살고 있는지, 어떤 사회가 되었으면 좋겠는지 깊이 고민해 봐야 합니다. 그 고민을 다른 사람과 함께 나누고 소통하면서 시대에 맞는 리더 상을 공유해야 하지요. 그래야 선거권을 제대로 행사해 우리가 바라는 리더를 뽑을 수 있을 것입니다.

누구나 리더가 될 수 있고, 누구나 리더가 되어야 합니다. '리더가 있으면 리더를 따르는 사람도 있어야 하지 않는가?' 하는 의문을 가질 필요는 없습니다. 진정으로 훌륭한 리더는 다른 리더의 좋은 점을 알아보고 필요할 때 기꺼이 다른 리더를 따라 자신의 역할을 훌륭하게 수행할 테니까요.

구성원의 역할을 훌륭히 수행하면서 다른 사람의 리더도 되려면 먼저 자신의 주인이 돼야 합니다. 낯설고 새로운 일이 주는 두려움을 이겨내는 것. 차이를 인정하고 존중하는 관용과 개방성을 실천하는 것. 일상성과 상투성에 묻히지 않고 늘 깨어 있는 것. 편법의 유혹을 넘어 정도를 지켜나가는 것. 자신이 불완전한 존재라는 사실을 깊이 자각하고 진정으로 겸손해지는 것. 이 같은 자신과의 싸움에서 이길 수 있을 때 비로소 리더가 될 수 있고, 다른 이를 이끌어 갈 수 있습니다.

이 책은 중·고등학교 사회 교과서에 등장하는 역사 사건과 인물의 업적을 통해 시대를 개괄하고, 그 의미를 짚었습니다. 리더의 훌륭한 면모도 중요한 역사 사건도 그 연관관계를 파악하지 않고는 모두 죽은 지식이 되어 버리기 쉽습니다.

에밀 졸라를 통해서는 한 비판적 지식인이 권력으로 진실을 덮어 버리던 당시 프랑스 사회와 어떻게 맞서 싸웠는가를, 임상옥을 통해서는 중국에 사대하며 무역하던 환경과 그에 맞서 얻어낸 경제 주권의 소중함, 더불어 사는 상생 경경과 자기 절제의 미학을 살바도르 아옌데를 통해서는 불법적으로 권력을 강탈하려 한 세력과 맞닥뜨려 국민의 대표자인 대통령이 어떻게 행동했는지를, 전태일을 통해서는 우리나라의 근대화가 노동자와 서민에게 얼마나 고통스러운 과정이었는지, 그리고 이러한 상황을 타개하고 개선하기 위해 어떤 희생을 했는지 알게 될 것입니다.

　세상을 움직이고 역사를 만들어 온 16명의 리더 이야기를 통해 시대가 요구하는 리더가 된다는 것, 리더십을 갖춘다는 것이 먼 나라의 신화 같은 이야기가 아니라 '바로 여기에서 지금' 실천할 수 있는 너와 나의 이야기, 우리 모두의 이야기임을 확인하기 바랍니다.

차례 ★

004 작가의 말 _ 민주 사회는 국민의 손으로 리더를 뽑습니다
리더를 잘 뽑으려면 시대를 잘 읽어야 합니다

01 변하지 않는 정의를 외치다

012 권력으로 진실을 덮는 시대, 앙가주망으로 진실을 규명하다 _ 에밀 졸라
020 탐욕이 도덕을 좌우하던 시대, 성찰과 반성으로 정의를 지키다 _ 윌리엄 윌버포스
028 다른 것을 배척하던 시대, 똘레랑스 정신을 깨우다 _ 볼테르
032 모든 것을 폭력으로 해결하던 시대, 아힘사로 평화롭게 투쟁하다 _ 간디

02 경제 정의를 실천하다

042 도를 생각지 않고 주머니를 채우던 시대, 사익을 버리고 경제 주권을 얻다 _ 임상옥
050 가난이 보편이던 시대, 자신의 것을 나눔으로써 함께 발전하다 _ 유일한
056 민심이 어지러운 시대, 노블레스 오블리주로 경제 양극화를 해소하다 _ 경주 최 부자

03 변화를 열망하는 민심을 읽다

068 분쟁이 난무하는 시대, 메스티소의 행복을 위해 혁명에 뛰어들다 _ 에르네스토 체 게바라
074 탐관오리의 횡포로 고통스러운 시대, 농민과 폐정 개혁 12조를 협의하다 _ 김성규
080 폭력이 신념을 위협하는 시대, 국민과의 약속에 행동으로 책임지다 _ 살바도르 아옌데

04 사회 의지를 하나로 모아 내다

092 전쟁으로 불안한 시대, 민심을 하나로 모으다 _ **이순신**

102 무자비한 폭력으로 얼룩진 시대, 용서를 통해 화합을 이끌다 _ **넬슨 만델라**

108 평화 속에서 이견이 소용돌이치는 시대, 소통하여 공론에 이르다 _ **세종대왕**

05 새로운 가치를 발견하다

118 노동 없는 자본의 시대, 헌신과 희생으로 노동자의 권리를 알리다 _ **전태일**

128 국가주의 · 제국주의가 팽창하던 시대, 평화로운 아시아 연합을 구상하다 _ **안중근**

134 서로의 존엄성을 인정하지 않는 시대, 꿈을 승화시켜 존중하는 사회를 만들다 _ **마틴 루터 킹**

142 책을 마치며 _ 모두 리더가 되고, 서로 협력하여 새로운 가치를 만들어 갑시다

01

변하지 않는 정의를 외치다

우리는 언제부터 올바른 것을 올바르다고 말할 수 있게 되었을까요?

100년 전까지만 해도 권력이나 탐욕에 눈이 멀어

진실을 은폐하거나 비도덕적인 행위도 합리화하던 때가 있었습니다.

그 시대에는 어떤 일들이 벌어졌고, 정의를 외친 사람들은 어떻게 행동했을까요?

우리 사회에서 정의를 훼손하지 않도록 하려면 어떻게 해야 할지 생각해 봅시다.

키워드

드레퓌스 사건 • 앙가주망 • 에밀 졸라

노예 무역 폐지 • 정의 • 윌버포스

칼라스 사건 • 똘레랑스 • 볼테르

인도 독립 • 아힘사 • 간디

권력으로 진실을 덮는 시대,
앙가주망으로 진실을 규명하다

에밀 졸라 1840~1902

여러분은 '권력' 하면 어떤 느낌이 드나요? 내가 원하는 대로 무엇이든지 할 수 있는 막강한 권력을 가졌다고 생각하면 달콤할 수도 있지만, 그 반대의 처지라면 막강한 권력을 휘두르는 사람이 야만스럽거나 잔혹하게 느껴질 수도 있습니다. 사람들이 권력을 혐오하고 겁내는 이유는 권력의 이런 속성 때문이지요.

권력은 우리가 국가를 이루고 그 구성원으로 살아가는 데 꼭 필요하지만 자칫 잘못 운용되면 위험한 것이 됩니다. 권력이 야만성과 잔혹성에 물들지 않게 하려면 국민이 깨어 있어야 합니다.

자연주의 소설《목로주점》으로 잘 알려진 프랑스의 작가 에밀 졸라는 우리가 권력에 휘둘리는 객체가 아니라 권력의 주인임을 깊이 깨닫게 한 사람입니다. 권력의 주인 노릇을 제대로 하기 위해서는 권력 앞에 당당하게 맞서야만 한다는 사실을 목숨 걸고 보여 준 사람입니다.

졸라가 어떻게 흉포한 권력에 맞서 투쟁했는지 함께 살펴봅시다.

1894년 9월 어느 날 프랑스 참모 본부 정보국은 참모 본부에 근무하던 알프레드 드레퓌스 대위를 독일 간첩으로 지목해 체포했습니다. 그리고 3개월 후 열린 군사 법정 비밀 재판에서 군부는 드레퓌스 대위에게 종신형을 선고했습니다. 드레퓌스가 간첩이라는 증거로 독일 대사관에 보냈다는 편지가 나왔지만, 필적이 비슷하다는 것뿐 제대로 된 정황 증거도 없었지요. 그는 오직 유대인이란 이유만으로 종신형을 받은 것입니다. 그럼에도 프랑스 대다수 언론은 이 사건을 '프랑스를 자멸시키려는 국제 유대인 조직의 음모'로 규정하고 드레퓌스를 비난했습니다. 당시 프랑스에 만연했던 반유대주의에 편승해 언론이 드레퓌스를 여론 재판한 것입니다.

15개월이 지난 어느 날 참모 본부 정보국의 조르주 피카르 중령은 다른 사건을 조사하다 우연히 놀라운 사실을 발견했습니다. **드레퓌스 사건**의 유일한 증거로 제출됐던 편지의 필적이 사치와 방탕을 즐기던 에스테라지 소령의 필적과 같다는 것을요. 피카르 중령은 즉각 상부에 드레퓌스 사건을 재심해야 한다고 건의하였으나 참모 본부는 꿈쩍도 하지 않았습니다. 언론도 참모 본부를 두둔했지요. 〈르 피가로〉 신문만이 드레퓌스가 결백하다고 주장했을 뿐입니다.

이런 상황에서 프랑스 법원은 에스테라지 소령에게 만장일치로 무죄를 선고했고, 오히려 에스테라지를 고발한 피카르 중령을 군사 기밀 누설 혐의로 체포했습니다. 전 세계는 터무니없는 이 재판에 경악했고, 세계 언론은 "이제 프랑스는 존재하지 않는다"는 제목으로 기사를 썼습니다.

졸라는 "나는 고발한다"는 제목으로 드레퓌스에게 유죄 판결을 내린 군부를 신랄하게 공박하는 논설을 1898년 1월 13일 자 신문 〈로로르〉에 발표했습니다. 드레퓌스 사건이 다시 한 번 여론의 도마 위에 오른 것입니다.

보잘것없는 신문이던 〈로로르〉는 이날 30만 부가 팔렸고, 전 세계로부터 3만 통의 격려 편지와 지지 전보를 받았습니다. 《허클베리 핀의 모험》을 쓴 미국의 소설가 마크 트웨인은 〈뉴욕헤럴드〉에 이렇게 썼습니다.

"나는 에밀 졸라를 향한 존경과 가없는 찬사에 사무쳐 있다. 군인과 성직자 같은 겁쟁이 위선자 아첨꾼들은 한 해에도 백만 명씩 태어난다. 그러나 잔 다르크나 에밀 졸라 같은 인물이 태어나는 데는 5세기가 걸린다."

에밀 졸라는 전 세계로부터 이렇게 지지를 받았지만, 프랑스 국내의 사정은 더욱 나빠졌습니다. 극우파는 연일 시위를 하며 "졸라를 죽여라!", "유대인을 죽여라!", "군대 만세!"라고 외쳐댔지요.

집단적 광란이 프랑스를 휩쓰는 가운데 졸라는 군법 회의를 중상 모략했다는 이유로 체포돼 징역 1년 형을 선고받았습니다. 진실 규명을 외치던 지성인(앙가주망)을 체포한 프랑스 군부는 또 한 번 국제적인 조롱거리가 되었고, 졸라는 그의 생명을 걱정한 주위 사람의 권유로 영국으로 망명했습니다.

광란의 나날이 계속되던 1898년 8월 30일, 에스테라지와 짜고 피카르 중령을 모함하기 위해 문서를 위조했던 앙리 중령이 면도칼로 목을 찔러 자살했습니다. 에스테라지도 영국으로 도망쳤지요. 에스테라지는 영국에서 오로지 돈을 벌기 위한 목적으로 자신의 간첩 활동과 드레퓌스와 피카르를 모함한 경위를 밝힌 책을 출간했습니다. 프랑스 언론은 그제야 군부를 비난하기 시작했고, 고등 법원은 드레퓌스에 대해 재심을 명령했습니다. 그러나 재심에서도 드레퓌스는 10년형을 선고받았습니다. "범죄자는 드레퓌스가 아니라 프랑스다"라는 사설이 전 세계 언론을 다시 장식했고, 세계 여러 나라가 이듬해 열릴 예정이었던 파리 박람회에 참여하지 않겠다고 결의했습니다. 궁지에 몰린 프랑스 정부는 드레퓌스를 특별 사면했습니다. 드레퓌스가 특사를 받아들이는 것은 유죄를 인정하는 것 아니냐는 지적에 대해 졸라는 이렇게 말했습니다.

"싸움은 이미 끝났습니다. 그들은 이제 지저분한 방법으로 정직한 사람과 도둑에게 똑같은 특별 사면을 내리고 있습니다."

3년 후 졸라는 석연치 않은 사고로 죽었고, 4년 후 드레퓌스는 마침내 최고 재판소에서 무죄를 선고받고 육군 소령으로 복귀했습니다. 최고 훈장인 레지옹 도뇌르도 받았습니다. 그 장면을 보기 위해 20만 인파가 모였고 이들은 "프랑스 만세, 진실 만세"를 외쳤습니다.

드레퓌스 사건을 진실을 위한 투쟁으로 만든 졸라는 프랑스 지성사에서 가장 비타협적이고 비판적인 지식인 중 한 명이었습니다. 그는 프랑스의 군부와 대다수 언론, 반유대주의 집단 심리에 파묻힌 대중에 홀로 맞섰고, 진실을 지켜냈으며, 프랑스를 다시 살려 냈습니다.

졸라를 보면 진실을 밝히기 위해 의지를 꺾지 않는 것, 진실이 밝혀질 때까지 관심을 거두지 않고 계속 행동하는 것이 얼마나 큰 힘이 되는지 느끼게 됩니다.

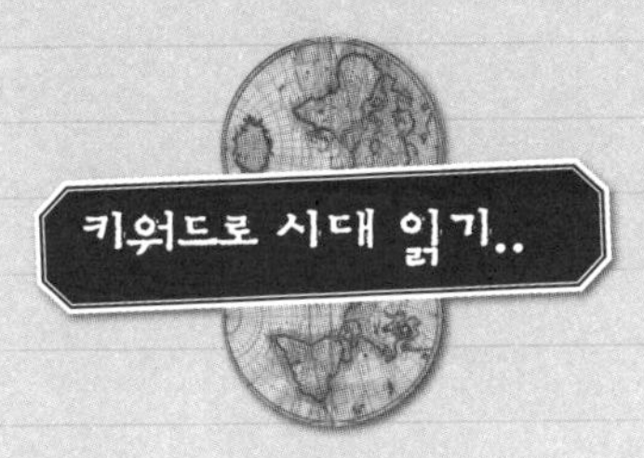

:: 지식인의 진실을 위한 투쟁, 앙가주망

앙가주망(engagement)은 제2차 세계 대전 후 사르트르를 비롯한 실존주의자들에 의해 쓰인 말로, 사회 참여, 자기 구속이란 뜻을 가집니다. 현대에는 정치나 사회 문제에 자진해서 적극적으로 참여하는 일을 앙가주망이라고 하기도 합니다.

프랑스의 철학자이자 문학가인 장 폴 사르트르가 그의 철학 논문《존재와 무》에서 처음 사용한 개념입니다.

에밀 졸라가 "나는 고발한다!"는 격문을 써서 드레퓌스 사건의 진실을 밝혀낸 일이 바로 대표적인 앙가주망입니다. 프랑스 앙가주망의 전통은 역사적으로 에밀 졸라, 장-폴 사르트르, 앙드레 말로 같은 행동하는 지성을 낳았지요. 프랑스의 이러한 지식인의 사회 참여 활동은 전 세계의 지식인 사회로 퍼졌고, 오늘날 '보편적인 지식인 상'으로 자리 잡고 있습니다.

:: 에밀 졸라의 격문 "나는 고발한다"가 실린 〈로로르〉 신문.

::: 모럴리스트 에밀 졸라와 〈루공마카르 총서〉

에밀 졸라는 어린 시절 지독한 가난 속에서 자라 어렵게 공부했습니다. 얼마나 가난했느냐면 학생 시절 단벌 바지를 전당포에 맡기고 온종일 이불을 뒤집어쓰고 침대에서 지낸 적도 있었고, 다락방 창문으로 날아든 참새를 잡아먹을 정도였습니다. 그의 대표작 〈루공마카르 총서〉에서 사람들의 욕심과 위선, 허세와 아집을 무서우리만치 사실적으로 묘사할 수 있었던 것도 그 자신이 이 같은 밑바닥 인생을 온몸으로 체험했기 때문이었습니다. 섬뜩할 만큼 사실적인 묘사의 이면에 주인공들(이들 대다수가 세탁부, 광부, 창녀 같은 최하층 빈민이었습니다)에 대한 따뜻한 애정을 품고 있는 것도 그 자신이 경험한 삶이 그러했기 때문이었을 것입니다.

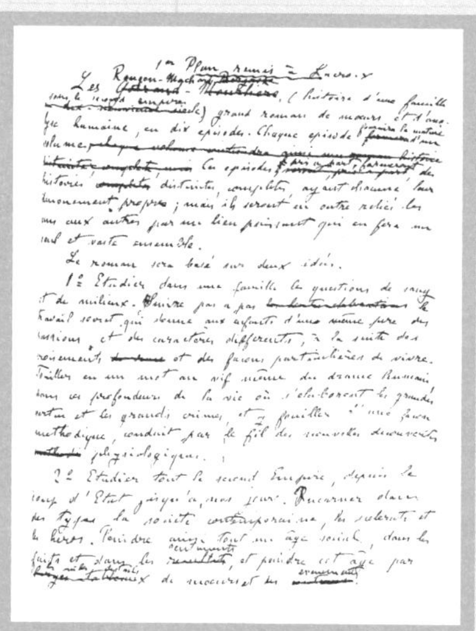

:: 졸라가 출판사로 보낸 친필 편지.
루공마카르 계획에 대해 설명했다.

1862년 아셰트 서점에 취직하여 그곳에서 처음으로 당시의 과학적·실증주의적 사상과 결부된 사실주의적인 문학 조류에 눈을 뜬 졸라는 콩트나 평론을 쓰기 시작했습니다. 1866년 아셰트를 그만둘 때에는 청년 비평가가 되었습니다. 같은 해 봄에 열린 미술전에 대한 비평을 쓰면서 기성의 대가를 비판하고 마네·피사로·모네·세잔 등 새로 등장한, 인상파 청년 화가들을 강력히 지지했습니다. 플로베르와 공쿠르 형제의 작품을 높이 평가하고, 공쿠르 형제의 작품을 본받아 자연주의적인 작품 《테레즈 라캥》(1867), 《마들렌 페라》(1868)를 발표하였고, 이론적으로도 자연주의 소설관을 명확히 했습니다. 그

{ 키워드로 시대 읽기 }

러고는 발자크의 〈인간희극〉에 비견될 대작 〈루공마카르 총서〉를 구상하게 되었습니다.

〈루공마카르 총서〉는 아델라이드 푸크라는 정신병에 걸린 여자가 건강한 농부 루공과 결혼했고 루공이 죽은 뒤 알코올 중독자인 마카르를 애인으로 삼았는데, 이 두 남자와의 사이에 태어난 많은 자손이 나폴레옹이 다스리던 제2 제정 시대에 여러 방면에 진출하여 어떻게 생활히였는가를 기록한 연대기입니다. '제2 제정 하의 일가족의 자연적 · 사회적 역사'라는 부제가 붙어 있지요. 졸라는 이 소설을 1868년경부터 구상하여 10권을 5년 동안 완성할 생각이었으나, 계획이 점차 확대되었습니다. 1869년 완성한 1권 《루공가의 운명》을 프로이센-프랑스 전쟁 후에 발표하고, 그 뒤 매년 1권 정도씩 계속 써서 1893년 《파스칼 박사》를 출판함으로써 총서 총 20권을 완성했습니다. 우리에게 잘 알려진 《목로주점》(1877), 《나나》(1880), 《제르미날》(1885), 《대지》(1887), 《수인》(1890) 등의 작품이 이 총서에 포함되어 있습니다. 총서가 처음 발표됐을 때에는 부도덕하다는 비난을 받았지만 《목로주점》이 성공함으로써 대가의 대열에 들었고, 졸라만의 자연주의 문학을 확립할 수 있었습니다.

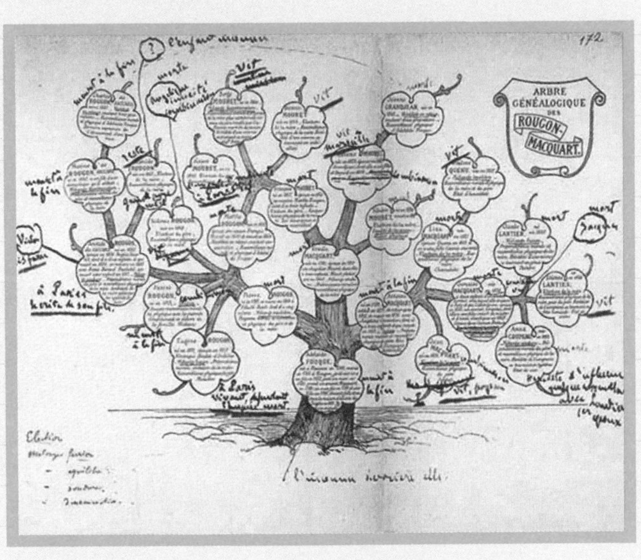

:: 졸라가 구상한 〈루공마카르 총서〉에 등장하는 인물들의 가족 관계도.

탐욕이 도덕을 좌우하던 시대, 성찰과 반성으로 **정의**를 지키다

윌리엄 윌버포스 1759~1833

사람을 죽이면 안 된다, 부당한 방법으로 이익을 얻는 것은 범죄다, 처지가 딱한 사람은 도와준다, 사회는 어린이를 보호할 의무가 있다……. 나라마다 법이 다르고 문화가 다르더라도 공통으로 꼭 지키는 도덕 기준이 있습니다. 하지만 국가 대 국가의 차원이 되면, 이런 기준을 슬쩍 무시하려는 얄은 생각을 하는 것이 또한 인간입니다. 서구 열강이 한창 아시아와 아프리카를 식민지로 개척하던 시절, 각 나라는 보편적 도덕을 내팽개치고 탐욕을 숨김없이 드러냈습니다. 그 틈을 타 이익을 챙기지 않는 사람이 오히려 바보로 취급될 때였지요.

이익을 우선한 나라 가운데 영국도 있었습니다. 1771년 영국의 노예 무역선은 190척이었고, 연간 47,000명을 운반했으며 평균 30~100퍼센트의 이익을 남겼습니다. 100톤의 노예 선에 400명 이상 태우고 항해하다가 6분의 1이 죽었고, 일을 시키는 데 편하도록 기본적인 훈련을 시키는 동안 3분의 1이 죽었습니다.

처음 아프리카 사람들을 유럽으로 데리고 오던 노예 상인은 추장에게 럼주, 화약, 직물 등을 주고 흑색 다이아몬드라 불리는 노예를 사들였습니다. 그러나 나중에는 그마저도 주지 않고 아프리카 대륙을 수렵과 약탈로 황폐하게 만들었지요. 유럽의 노예 상인에 의해 아메리카 대륙에 운송된 흑인 노예는 300년 동안 1,500만 명에 달했습니다.

이러한 야만적이고 부끄러운 일을 모두가 쉬쉬하고 숨기려 할 때, 영국의 정치인 윌리엄 윌버포스는 잘못을 시인하고, 부끄러운 행위를 중단할 것을 공개적으로 주장했습니다. 그는 1791년 5월 **노예 무역 폐지** 법안을 영국 의회에 제출하면서 이렇게 외쳤습니다.

수송 중 벌어지는 악행이 얼마나 극악하고 소름 끼치고 치명적인지 알게 된 저는 노예 무역을 폐지하겠다고 결심했습니다. 어떤 대가를 치르더라도, 어떤 결과를 가져오더라도, 저는 지금 이 시간부터 노예 무역 폐지를 확인하기 전까지 절대 쉬지 않을 것을 다짐합니다. 저는 누구도 비난할 생

노예 무역은 영국에 황금 알을 낳아 주는 거위였습니다. 노예를 수입하는 데 드는 인력과 일을 할 수 있도록 훈련하는 과정에서 연간 5,500개 이상의 일자리를 만들어 냈고, 거기서 나오는 이윤이 국가 수입의 3분의 1을 차지하고 있었지요. 그뿐만 아니라 노예 무역은 노예를 사냥하고 선상에서 이들을 관리하는 등의 일을 통해 영국 선원에게 실전과 유사한 군사 훈련 기회를 제공하기도 했습니다.

대서양의 패권을 둘러싸고 스페인, 프랑스, 네덜란드 등과 날카롭게 대립하고 있던 영국은 노예 무역에 국운을 걸고 있었다 해도 과언이 아니었습니다. 왕실, 귀족, 정치인, 제국 군대의 지휘관, 그리고 노예 상인과 해운 회사, 식민지의 대농장주 모두가 노예 무역에 사활을 걸고 있을 정도였으니까요. 대영 제국의 기득권, 지배 세력 전체가 노예 무역에 직간접적으로 관련이 있었던 것입니다.

이런 상황에서 촉망받는 청년 정치인 윌버포스가 노예 무역 폐지를 주장했으니, 정치권과 기득권층 대부분이 그의 투쟁을 모른 척, 아니 반대할 수밖에 없었지요.

윌버포스는 노예 무역 폐지 법안을 발의하면서 연설한 대로 1791년 5월 이후 한순간도 노예 무역 폐지 운동을 멈추지 않았습니다. 윌버포스는 의회에서 150번이 넘는 노예 무역 폐지 논쟁을 주도했습니다.

영국 의회는 1807년, 마침내 283대 16의 압도적 찬성으로 노예 무역을 폐지했습니다. 입법안이 제출된 지 17년 만의 일이었습니다. 그 이듬해인 1808년에는 미국도 노예 무역을 폐지했습니다. 노예 제도 자체가 폐지된 것은 그 후로도 50년이 지나서였습니다.

의회 연설에서 밝혔듯이 윌버포스가 노예 무역 폐지 운동에 뛰어든 동기는 자기 성찰과 반성이었습니다. 그는 자신이 사랑하는 조국의 이름으로 그처럼 참혹하고 거대한 범죄가 조직적으로 행해지고 있는 것을 부끄러워했고, 자신이 그 같은 현실을 고치기 위해 아무것도 하지 못한 것을 부끄러워했습니다.

처세술에 밝은 사람의 기준으로 보면 윌버포스는 바보입니다. 사회 기득권층의 일원으로서 기득권층의 절대 다수가 사활을 걸고 있는 노예 무역에 정면으로 도전했으니 말입니다. 만약 윌버포스가 노예 무역 폐지를 정치적 이해관계에 얽매어 추진했다면 이 일은 얼마 못 가서 실패했을 것입니다. 윌버포스가 노예 무역 폐지 활동을 17년 동안 꾸준히 하고, 마침내 영국 의회에서 기득권자인 의원들의 표결로 노예 무역을 폐지할 수 있었던 것은 그가 노예 무역의 현실을 직접 눈으로 확인하고, 그 잔악상에 대해 깊이 분노했을 뿐만 아니라 이 잘못된 일을 고치는 것이 자신의 소명이라고 자각했기 때문이었습니다. 윌버포스는 '우리나라의 국민에게 절대 당하지 않게 하고 싶은 일이 있다면, 그것은 다른 나라 국민에게도 해서는 안 된다'는 **보편적인 도덕 기준, 정의**를 지키려고 했습니다.

　노예 무역 폐지를 이끌어낸 윌버포스의 실천은 그 후, 미국 대통령 링컨의 노예 폐지 선언을 거쳐, 최초의 흑인 대통령 오바마의 당선으로 마무리되었습니다. 대륙을 건너고 150여 년의 시간을 뛰어넘어 노예제 폐지로 이어진 이들의 용기 있는 행동을 바라보면서, 새삼 세상을 바꾸는 힘은, 자신과 사회가 보편적인 도덕 기준에 맞는지 성찰하는 데서 나온다는 사실을 생각하게 됩니다.

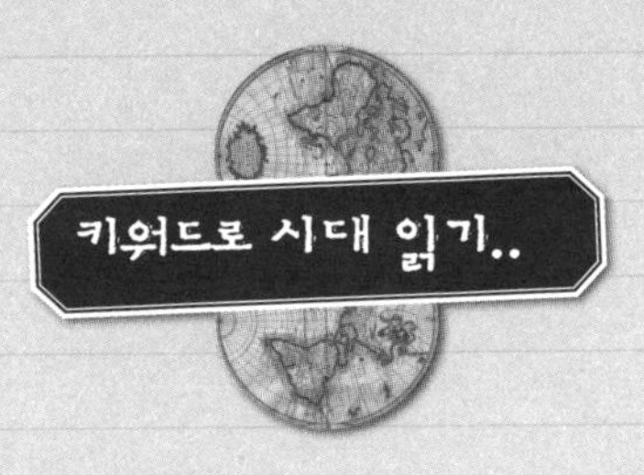

::: 노예 제도, 시작에서 폐지까지

근대의 노예제는 15세기부터 성행한 유럽의 영토 확장 활동과 신대륙을 발견하고 원주민을 식민화하는 활동에서 비롯되었습니다. 신대륙 정복이 더욱 견고해지면서 넓은 경작지에서 단일 품목을 재배하는 플랜테이션 농업이 발전하게 되었고, 그 과정에서 일꾼(원주민)이 더 많이 필요해지면서 신대륙을 무대로 노예제가 확립되었습니다. 신대륙을 정복하는 과정에서 학대·반항 또는 토벌 등으로 아메리카 원주민의 인구는 급속히 줄었습니다. 반면, 육체적으로 강건하고 도망할 염려가 없는 흑인이 노동을 착취하기 편하다고 생각하는 사람이 늘었고 점점 흑인 노예의 수요는 증가하게 되었습니다.

16세기 전후에는 아이티·푸에르토리코·파나마 등에서 노예 폭동이 일어났으나, 아프리카로부터 신대륙으로 노예를 수송하는 양은 줄지 않았습니다. 1592년 에스파냐 왕은 연간 38,000명의 노예 수송을 허가했고, 17세기에 접어들어서는 네덜란드·프랑스·영국 등도 노예 무역에 본격적으로 착수했습니다. 아프리카 서해안 지대는 노예 사냥터로 변했고, 노예는 배 밑에 짐짝처럼 실려 운반되었습니다. 항해 중에 6분의 1이, 일을 잘 하도록 훈련하는 기간에 3분의 1이 죽는 등 사망률이 높았지만, 이런 손실을 감수하더라도 막대한 이득을 취할 수 있다는 점 때문에 노예 무역은 끊이지 않았습니다.

영국령의 아메리카 식민지에서는 1607년부터 노예 제도가 본격적으로 시작되었고, 1619년에는 버지니아에 최초의 노예가 수입되어 남부의 담

배 · 인디고 · 쌀 생산 지대의 중요한 노동력이 되었습니다. 17세기 중반에 이르러서는 노예 제도를 견고히 하는 법도 마련되었습니다. 이 지역의 노동자 중 원주민 인디언은 정착 농업에 적합하지 않았고, 백인 계약 노동자는 계약 기간이 끝나면 자유민이 되었기 때문에 노동력을 안정적으로 확보할 수 없었습니다. 그래서 플랜테이션 경영자는 평생 부릴 수 있고, 연고지가 없어 도망칠 수 없는 흑인 노예 확보가 절실했습니다.

:: 19세기 경. 사슬에 묶인 에티오피아 노예

노예제 폐지 움직임은 일찍이 시민 혁명을 겪은 영국에서 먼저 일어났습니다. 18세기 초부터 인간 존중 · 인류 평등 사상과 함께 노예제에 대한 비판의 소리가 일어났고, 19세기에 이르러서는 인도주의적 노예 폐지론이 대두하면서 노예제 폐지의 구체적 성과가 나타났습니다. 당시 영국에서 이 운동에 앞장선 것은 샤프, 클라크슨, 윌버포스 등이었는데, 이들의 노력으로 1807년에 '노예 무역 폐지법'이 성립되었습니다. 이어 1823년에는 윌버포스, 벅스턴 등이 중심이 되어 '노예 제도 배격 협회'가 결성되었고, 조직적으로 민중 운동이 전개되었습니다. 자유주의적인 휘그당의 그레이 내각 성립과 함께, 1833년 '노예 해방령'이 의회를 통과함으로써 모든 노예의 해방이 실현되었습니다.

프랑스에서는 1834년에 노예 폐지 협회가 성립되었고, 1848년에는 노예를 완전히 해방하기로 결의했습니다. 미국에도 1833년에 노예 제도 반대 협회가 생기고, 1863년 대통령 에이브러햄 링컨의 '노예 해방 선언'으로 모든 흑인 노예가 정식으로 해방되었습니다. 1865년에는 미국 수정 헌법 제13조에 전국에 노예 제도를 금지한다고 명시했습니다.

{ 키워드로 시대 읽기 }

　라틴 아메리카 제국에서도 일찍이 노예를 해방했으나, 브라질만은 예외적으로 1888년에 와서야 해방령이 시행됐습니다.

　1980년 7월 5일 노예 제도를 인정하던 마지막 나라인 모리타니가 노예 제도 종식을 선언함으로써 공식적으로는 지구상에서 노예제가 사라졌습니다. 하지만 모리타니를 비롯한 아프리카 일부의 나라에는 여전히 불법적인 노예제가 존재합니다. 지구촌 시대를 살아가는 우리가 인류의 보편적 인권과 가치에 대해 성찰과 반성의 끈을 놓지 말아야 할 이유가 여기에 있습니다.

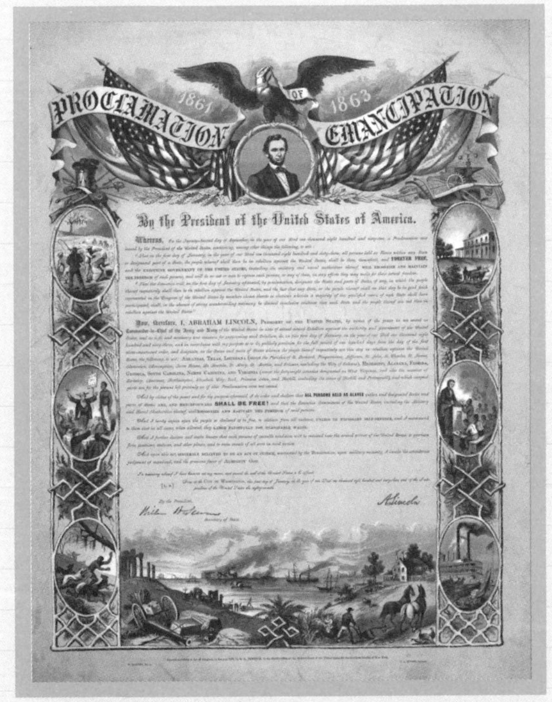

:: 에이브러햄 링컨의 노예 해방 선언문

다른 것을 배척하던 시대, **똘레랑스** 정신을 깨우다

볼테르 1694~1778

민주주의는 인간의 불완전성과 다양성을 전제 조건으로 합니다. 인간이 불완전한 존재임을 고백하는 겸손과 모든 인간은 독특한 개성과 생각, 감성의 차이를 가진 존재라는 다양성과 개방성의 철학은 인류 역사의 발전을 추동해 온 핵심 동력이었습니다.

인간이 완전할 수 있다는 오만이 전체주의를 낳았고, 인간은 모두 다 똑같다는 식의 통속성과 상투성이 몰개성 사회를 낳았지요. 이런 사회에서는 단지 다르다는 것만으로도 사회적 차별의 대상이 될 수 있습니다. 단지 생각이 다르다는 것만으로도 격리 대상이 되고, 감성과 행동의 양태가 다르다는 것만으로도 사회적 소수파로 분리되어 불이익을 감수해야만 하지요.

다양성은 발전의 힘이지만 그러한 힘을 가지게 되기까지 모든 차별, 격리, 소수파의 비애를 견뎌내야만 합니다. 사회적 관용은 발전의 힘인 다양성을 존중하고 격려하는 유일한 수단입니다.

볼테르는 18세기 후반에 활동했습니다. 이때는 계몽주의 시대라고도 불리는데, 사회적 다양성이 곧 차별과 격리의 대상이었던 중세 암흑기를 막 벗

어나는 때였습니다. 암흑의 밤을 지나 이성의 여명을 열어가던 때였지요. 당대 이성의 최고봉인 볼테르가 관용을 실천하기 위해 보인 용기는 관용이 개인적 덕목이 아니라 사회적 행동임을 잘 보여 줍니다. 볼테르는 디드로, 루소 등과 함께 인간의 지성과 이성만이 세계를 올바로 해석하고 이해할 수 있다는 신념을 표현하기 위해 백과전서 편찬 작업을 주도했지요. 21년 동안 디드로, 루소, 몽테스키외, 케네 등 프랑스의 대표적 사상가와 184명의 학자, 교수, 아카데미 회원, 문학가, 사업가, 변호사, 의사 등이 참여한 백과전서는 계몽주의 사상이 이룬 쾌거였습니다.

1761년 프랑스 남부에서 자살한 젊은이가 있었습니다. 교회는 가톨릭 신자가 되려 한 이 청년을 살해한 혐의로 신교도인 청년의 아버지, 장 칼라스를 체포해 사형시켰습니다. 그러나 칼라스가 사형된 직후 청년이 살해당한 것이 아니라 자살했다는 증거가 드러났고, 청년의 아버지를 조사하는 과정에서 교회가 무자비하게 고문했다는 것이 밝혀졌습니다. 중세의 가톨릭교회가 위선과 광기에 휩싸여 있었음을 만천하에 드러낸 사건이었죠.

볼테르는 이 같은 교회의 범죄와 만행에 대항해 분연히 일어섰습니다. 그는 **칼라스 사건**을 다시 재판해야 한다고 주장했습니다. 칼라스가 사형된 지 3년 만에 상고심이 열렸고, 칼라스에게 무죄가 선고되었습니다. 칼라스 사건 투쟁 과정에서 볼테르는 〈관용론〉을 썼고, 이 책에서 "나는 당신의 의견에 동의하지 않지만 당신이 말할 자유를 위해서는 함께 싸우겠습니다."라는 신념을 밝혔습니다.

볼테르는 이 말을 통해 민주주의에서 사상과 언론의 자유가 얼마나 중요한지, 또 이러한 기본권이 제대로 보장되려면 관용이 얼마나 중요한 요소인지를 압축적으로 보여 주었습니다. 볼테르가 설파한 **'관용(똘레랑스)'**은 19세기 이래 자유, 평등, 박애라는 프랑스 혁명의 3대 사상과 함께 서구 민주주의를 지탱하는 정신이자 사회·정치 윤리로 확고하게 자리 잡았지요.

:: 칼라스 사건과 관련하여 쓴 볼테르의 친필 문서. 유명한 슬로건인 "파렴치를 분쇄하라!"는 문장이 포함되어 있다.

볼테르가 보여 준 '관용'은 강한 자신감과 자의식이 뒷받침된 것이었습니다. 이는 또한 절대적 진리 앞에 고개 숙이는 겸손과 인간이 불완전한 존재임을 고백하는 용기가 있어야 가능한 것이기도 했습니다.

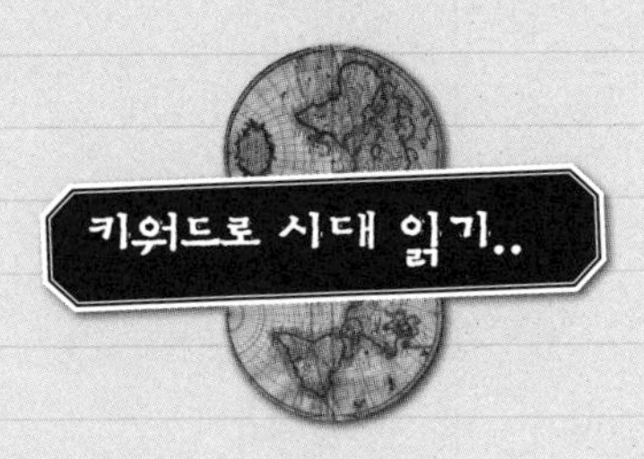

::: 프랑스 혁명의 사상적 지도자, 볼테르가 주장한 똘레랑스

볼테르의 본명은 프랑수아 마리 아루에입니다. 1694년 파리에서 유복한 공증인의 아들로 태어났고, 예수회 학교 루이 르 그랑에서 공부했습니다. 1717년 오를레앙 공의 섭정을 비방하는 시를 썼다가 투옥되었고, 옥중에서 비극《오이디푸스》를 완성했습니다. 1718년에 오를레앙 공이 참석한 자리에서 상연하여 성공을 거둔 다음 석방되었고, 필명을 볼테르로 쓰기 시작했습니다.

그 후 한 귀족과 싸우다가 다시 부당하게 투옥되었으며, 국외 망명을 조건으로 석방되었습니다. 그는 이 일을 통해 당시 프랑스의 사회의 불평등과 특권 계급의 횡포를 자각하게 되었습니다. 볼테르는 약 3년간 영국에서 망명 생활을 하면서 종교와 사상의 자유, 인간 생활 개선에 눈을 뜨게 됩니다.

두 번의 바스티유 감옥행으로 작가로서 뿐만 아니라 계몽주의자로 성장한 그는 프랑스의 계급 간 불평등, 당시 만연한 가톨릭교도의 신교도에 대한 차별 등에 맞섰고, 이 활동은 훗날 프랑스 시민 혁명의 사상적 배경이 되었습니다.

모든 것을 폭력으로 해결하던 시대, <u>아힘사</u>로 평화롭게 투쟁하다

마하트마 간디 1869~1948

아침에 눈을 떠 텔레비전을 켜면, 세계 곳곳으로부터 들어온 다양한 소식을 접할 수 있습니다. 지구촌 어딘가에서 분쟁이 시작됐다 혹은 끝났다는 이야기부터 금값이 천정부지로 치솟았다, 엘니뇨 현상이 극심해 세계의 해수면이 올라간다는 이야기까지. 이런 여러 가지 문제를 해결하는 방법 역시 다양합니다. 우리는 지구촌에서 일어나는 소식과 문제 등을 해결하는 방법을 들으면서 세계를 이해하고 있습니다.

지금으로부터 약 130년 전쯤에는 세계에서 일어나는 모든 문제를 폭력적으로 해결하려는 무리가 있었습니다. 그때 폭력의 악순환을 끊고 새로운 방법으로 문제를 해결하려 한 이가 있었습니다. 바로 비폭력 운동을 주장한 마하트마 간디입니다.

간디는 정치 지도자, 독립 운동가이기 이전에 철학자이자 종교인이었습니다. 그는 직면한 모든 문제의 본질에 곧바로 파고 들어갔고, 문제의 뿌리에서부터 변화와 개혁을 위한 행동을 시작했습니다. 간디의 **아힘사(비폭력)** 는 정치적 수단이 아니라 그의 종교적 신념을 담은 것이었기 때문에 더욱 힘

이 있었습니다. 세상의 법에 맞선 간디의 아힘사는 당대에는 승리하지 못했습니다. 그러나 인류 발전의 방향이 폭력과 권력의 법이 아니라 비폭력과 평화의 법, 아힘사의 방향임은 누구도 부인할 수 없을 것입니다. 간디가 광신도의 총에 맞아 죽으면서도 편안하게 생을 마감할 수 있었던 것도 끝내는 아힘사의 세상이 오리라는 믿음 때문이 아니었을까요? 사랑과 감화가 어떤 폭력보다 강할 수 있음을 간디를 통해 다시 확인해 봅시다.

모한다스 카람찬트 간디는 인도의 독립운동 지도자였고 정신적 지도자였을 뿐만 아니라 현대 인류 최고의 스승이었습니다. 인도의 관습에 따라 열세 살에 결혼한 간디는 사춘기의 열정을 절제하지 못하고 방탕한 생활을 하다 아버지의 임종을 지키지 못했습니다. 이 일을 계기로 간디는 금욕 생활을 하기로 결심했고 이때의 결심을 평생 지켜 나갔지요.

영국에서 유학해 변호사가 된 간디가 처음 일하러 간 곳은 남아프리카공화국이었습니다. 그곳에서 간디는 인종 차별의 벽을 실감했고, 이 과정에서 세상의 모든 불평등과 불의를 교정하는 데 일생을 바칠 것을 결심하지요.

인도로 돌아온 간디는 아슈람이라는 공동체를 만들었습니다. 이 공동체는 무소유 생활을 해 나갔는데 불가촉천민도 들어와 살았습니다. 여기서는 간디를 포함해 모든 사람이 똑같이 일했고 똑같은 월급을 받았습니다.

1919년 인도인은 누구든 재판 없이 투옥할 수 있는 롤레트 법이 통과되자 인도 전역이 들끓었습니다. 간디도 아슈람에서 나와 비협조 운동을 전개하다 1922년 투옥되었지요. 아메다바드의 법정에서 간디는 이렇게 외쳤습니다.

"나는 석방되더라도 똑같이 행동할 것입니다. 법적으로는 고의적인 범죄에 해당하지만 나로서는 국민의 최고 의무를 다했을 뿐입니다. 내게 주어질 수 있는 최고형을 요청하며 그 형을 달게 받기 위해 이 자리에 섰습니다."

간디는 영국의 지배를 무력화시키기 위해 직접 물레를 돌려 옷감을 짜 입는 운동을 전개하기도 했고, 종교 지도자 간 회합을 주선해 종교 간 화해와 국민 통합을 역설하고 이끌기도 했지요. 또 불가촉천민을 구제하기 위한 잡지도 간행했습니다.

간디의 이러한 노력에도 불구하고 1947년 **인도는 힌두교의 인도와 이슬람의 파키스탄으로 분리 독립**했습니다. 두 종교 간 화해와 국민 통합을 위해 간디가 행한 고행 같은 순례와 순방은 결국 실패한 것이지요.

간디는 폭력과 비폭력을 평행선과 같은 대립이 아니라 빛과 그림자, 음과 양처럼 서로가 영향을 주고받는 양면으로 보았습니다. 간디는 인도 국민이 평화의 법인 아힘사를 실천함으로써 자신들이 가진 최고의 위력을 보여 줄

때 위대한 성취가 이루어질 것이라고 믿었습니다. 그래서 자신이 주도한 비협조 불복종 운동이 폭력 사태로 번질 때마다 운동을 중단했습니다.

간디가 주창한 아힘사는 처음에는 개인적 윤리의 문제로 이해되었으나 사실 이 문제는 종교적인 문제였지요. 간디는 개인 윤리와 종교 철학을 사회 윤리와 국민운동의 원칙으로 확장시켰고, 그것을 국가 운영 원리로 확대하려 했습니다. 간디의 비폭력 평화 사상이 그가 죽은 지 60여 년이나 지난 현대에 이르러 더 큰 울림을 주는 것은 그가 인간의 보편적이고 근원적인 철학과 종교의 차원에서 사상과 운동을 전개했기 때문입니다.

인도의 위대한 시인 타고르는 간디를 '위대한 영혼'이라는 뜻의 '마하트마'로 불렀습니다. 그러나 간디는 생전에 이 호칭을 어색해했지요. 자신이 감당하기에는 너무 위대하다고 생각했기 때문입니다.

간디 사후, 세계는 간디를 마하트마라 부르길 주저하지 않습니다. 평생 진리를 찾아 매진한 사람이자 성직자보다 더 경건하게 살다간 사람이니까요. 또 가장 실천하기 어려운 비폭력 무저항의 방식으로 위대한 역사적 성취를 이뤄 낸 사람이니까요.

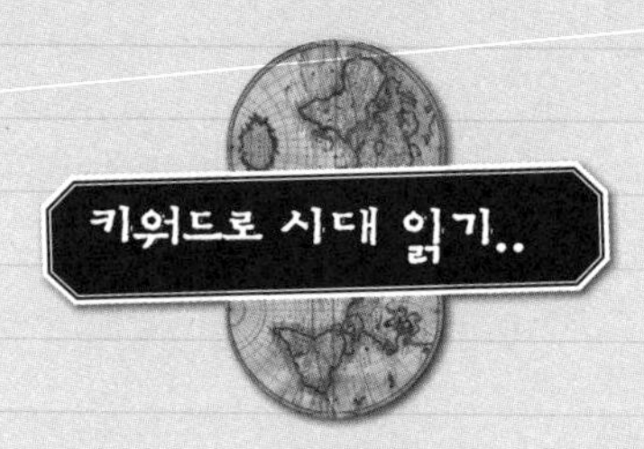

::: 인도 · 파키스탄의 분리 독립

18세기 후반 인도 독립을 위해 많은 정치단체가 생겨났는데, 그 가운데 1885년 결성된 '인도 국민 회의'가 독립운동의 주도적 역할을 했습니다. 특히 독립운동에 대한 영국의 냉담한 반응에 대응하여 스와데시(Swadeshi : 국산품을 사용하자는 운동. 힌디어로는 모국이란 뜻입니다) 운동이 인도 전역으로 번졌습니다. 이에 영국은 나누어서 통치하기 편리하도록 이슬람교도와 힌두교도 간 대립을 조장했습니다. 1906년에는 인도 국민 회의를 견제하기 위해 영국의 배후 지원을 받은 회교도 연맹이 발족했습니다.

제1차 세계 대전 이후 인도국민회의는 간디의 지도로 영국이 제시한 자치령 지위를 거부하는 등 완전한 독립을 목표로 인도 국민의 전폭적인 지지를 받으며 비폭력 불복종 운동을 전개했습니다. 이에 반해 회교도 연맹은 파키스탄의 분리 독립을 요구했습니다.

1946년 10월 임시 정부가 수립되자, 이슬람 동맹은 임시 정부 내에서 파키스탄의 독립을 위해 투쟁할 대표를 파견하고, 인도 국민 회의 지도자들도 파키스탄의 독립을 인정하는 것이 유일한 해결책이라는 것을 인정하게 되었습니다.

1946년 초 영국 정부의 각료 사절단은 3개의 연방 그룹 결성 계획을 건의했습니다. 이에 따라 1947년 6월 3일 분리 계획서가 공포되었습니다. 분리 계획서에 따라 이슬람교도가 다수 거주하고 있는 벵골과 펀자브 두 지역은 인도를 사이에 두고 분리되었습니다. 서부 펀자브, 동 벵골, 신드, 발루치스탄의 지방 의회와 퀘타 자치주가 파키스탄 편입을 지지했고, 북서 변방 지역과 아삼 주의 실헷 지역 주민도 국민 투표를 통해 파키스탄으로의 편입을 지지했습니다. 이에 따라 이 지방들을 영토로 한 파키스탄이 1947년 8월에 독립했습니다.

하지만 인구는 동파키스탄이 더 많은데도 정치적으로는 서파키스탄이 지배력이 강해 불이익을 당하는 사례가 자주 일어나자, 동파키스탄은 독립을 요구했습니다. 서파키스탄이 이를 거부하자 두 파키스탄은 무력으로 충돌했고, 1971년 동파키스탄은 방글라데시로 독립했습니다.

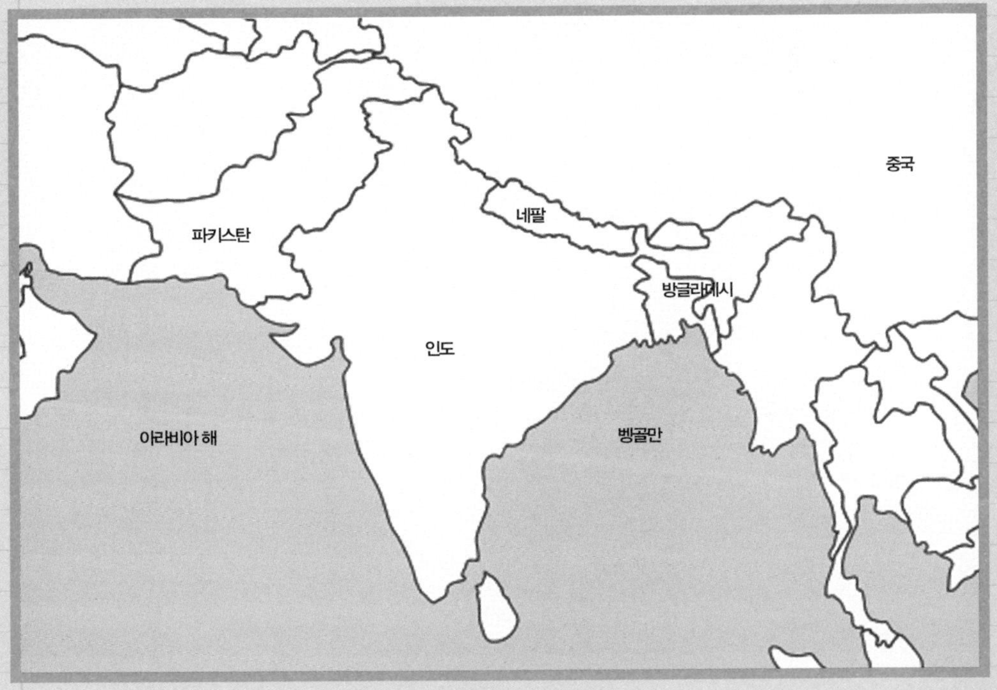

목로주점
에밀 졸라 지음, 유기환 옮김, 열린책들, 2011

에밀 졸라가 소설 속에서 사회를 재현하고 그 메커니즘을 파악하려는 기획으로 집필한 스무 편의 연작 소설 〈루공마카르 총서〉 가운데 일곱 번째 작품입니다. 오랜 기간 동안 연구하고 자신의 경험을 녹여 낸 이 소설은 한 노동자 가정의 비극을 고스란히 보여 주는, '전락의 연대기'이자 민중 소설의 효시입니다. 현실감 있는 노동자의 언어와 외설성으로 출간하면서 비난과 찬사를 동시에 받았습니다. 당시에는 날개 돋친 듯 팔렸지요.

돈을 벌기 위해 파리로 온 젊은 세탁부 제르베즈는 함께 살던 애인 랑티에에게 버림받지만, 새로운 남자 쿠포를 만나 결혼해 행복하고 성실한 삶을 살아갑니다. 하지만 게으름과 문란한 성생활, 술은 그녀와 가족을 파멸로 이끌고, 악화된 환경이 악순환하면서 그녀가 행복한 삶을 향해 재도약하려는 시도마저 무너뜨립니다.

윌리엄 윌버포스, 세상을 바꾼 그리스도인
케빈 벨몬트 지음, 오현미 옮김, 좋은씨앗, 2008

노예제 폐지와 영국의 도덕 개혁이라는 두 가지 소명을 끝까지 일궈 낸 사람, 윌리엄 윌버포스의 일생을 담았습니다. 영화 〈어메이징 그레이스〉의 역사 자문 위원 케빈 벨몬트가 윌리엄 윌버포스가 노예제 폐지를 결심하게 된 계기를 신앙생활과 함께 소개합니다. 삶을 치열하게 살아가는 과정에서 어떤 선택을 하고 어떻게 책임질 것인가에 대해 깊이 생각해 볼 수 있습니다.

캉디드 혹은 낙관주의
볼테르 지음, 이봉지 옮김, 열린책들, 2009

볼테르가 1759년 발표한 명쾌하고 기지에 찬 풍자 소설로, 그의 정치 사회 철학 사상을 담고 있습니다. 당시의 모순된 사회와 정치, 부패한 성직자, 대중의 어리석음은 물론 전쟁과 종교적 불관용에 대해 신랄하게 비판했습니다.

캉디드는 세상은 '최선으로 이루어져 있다'고 믿는 사람입니다. 그러나 남작의 딸 퀴네공드를 사랑한다는 이유로 성에서 쫓겨나고, 세계 곳곳을 여행하며 전쟁과 굶주림, 광신과 지진을 비롯하여 종교 재판, 노예 제도, 갖가지 위선과 편견 등 세상에 존재하는 악과 부조리를 대면하지요. 그러고는 염세주의 철학자 마르탱을 만나 논쟁과 갈등을 겪게 됩니다.

간디 자서전
마하트마 간디 지음, 함석헌 옮김, 한길사, 2002

인간 간디를 잘 보여 주는 책. 간디가 진리를 찾아 실험하고 경험했던 일들을 회상한 자서전이며, 인도식 휴머니즘을 생생하게 보여 줍니다. 간디는 자아실현을 위해 싸우고 애써 온 과정을 개인적인 이유를 들어 차근차근 설명했고, 주요 사상과 행동인 아힘사와 스와데시는 자기 성찰 없이 실천하는 것은 무의미하다는 것을 강조했습니다. 또한 누구나 진리를 깨달으면 위대한 인물이 될 수 있다고도 주장합니다.

간디의 뒤를 따라서
앤 시블리 오브라이언 · 페리 에드먼드 오브라이언 지음, 김남중 옮김, 여름산, 2009

간디가 비폭력 불복종 정신으로 억압에 맞선 뒤로 틱낫한, 로사 파크, 찰스 퍼킨스, 무하마드 알리, 아웅산 수치, 왕가리 마타이 등 백 년 동안 비폭력 저항 운동의 계보를 이어 온 사람들을 소개했습니다. 비폭력 저항 운동이 일어난 현장의 모습, 인물의 생애와 활동, 상세한 시대적 배경, 인물들이 남긴 명언 등이 담겨 있어 비폭력 저항 운동의 숭고한 정신과 의의를 자세히 알 수 있습니다. 또한 과거의 비폭력 저항 운동에 대한 이야기를 다루는 것에 그치지 않고, 휴대 전화, 이메일, 블로그 등 통신 기술의 발달과 함께 비폭력 저항 운동의 방법은 지금도 계속해서 새롭게 태어나고 있다는 사실을 보여 줍니다.

02

경제
정의를
실천하다

누군가의 부는 개인의 노력일까요? 사회적인 노력일까요?

나는 두 가지가 합쳐져서 부자가 만들어진다고 생각합니다.

우리 역사 속 존경 받는 부자들의 이야기를 통해,

부를 개인의 것으로만 삼지 않고 사회 구성원과 함께 누리려던 이들의

속마음을 헤아려 보고, 경제 정의란 무엇인지 함께 생각해 봅시다.

키워드

중국 상인 불매 운동 • 경제 주권 • 임상옥

한국 최초 CEO 도입 • 나눔 • 유일한

경제 양극화 • 노블레스 오블리주 • 경주 최 부자

여러분은 '계영배'라는 것을 알고 있나요? '가득 차는 것을 경계하는 술잔'이란 뜻입니다. 미성년자인 청소년 여러분한테 술잔 이야기라니, 뜬금없다고요? 계영배와 관련된 인물 이야기를 하자니 많이 돌아왔군요.

계영배는 고대 중국에서 유래한 술잔으로 잔에 술을 7할 정도 부으면 괜찮지만 그 이상 부으면 잔 옆에 있는 구멍을 통해 술이 밑으로 빠져나가게 되어 있는 신기한 잔입니다. 다 채우려 하지 마라, 넘침은 모자람만 못하다는 '과유불급'의 교훈이 담겨 있지요. 제나라 환공은 이 계영배를 곁에 두고 보면서 스스로 욕심이 넘치는 것을 경계했다고 합니다. 늘 곁에 두고 보는 그릇이라는 뜻에서 '유좌지기'라 부르기도 했지요. 공자도 이를 본받아 계영배를 항상 곁에 두었다고 합니다.

우리나라에서 계영배를 만든 명인 중에 조선 시대 도공 우명옥이 있습니다. 그는 경기도에 있는 광주분원에서 왕실 진상품을 만들던 스승으로부터 도예를 배웠습니다. 쪽에서 뽑아낸 푸른 물감이 쪽빛보다 더 푸르다는 뜻의

'청출어람 청어람'처럼 우명옥은 스승을 뛰어넘는 솜씨를 발휘해 눈처럼 희디흰 설백자기를 만들었습니다. 돈이 좀 있다 하는 사람들은 우명옥이 만든 설백자기를 얻기 위해 많은 돈을 내놓았습니다. 날로 인기가 높아지자 우명옥은 스승을 뛰어넘었다는 자만심에 빠져 방탕한 생활을 하기 시작했습니다. 하지만 유명세도 잠시, 그는 어느새 재산을 다 탕진해 버리고 말았습니다. 오갈 데가 없어진 우명옥은 다시 스승을 찾아갔습니다. 못난 제자를 내칠 만도 하지만 스승은 다시 우명옥을 거두지요. 그리고 초심으로 돌아가 도공으로서 일을 계속하도록 독려했습니다. 우명옥은 스승마저 업신여기던 자신의 잘못을 깊이 뉘우치고, 설백자기를 능가하는 명품을 만들어 냈습니다. 그것이 바로 계영배입니다.

우명옥이 만든 계영배는 어찌어찌 하여 조선 시대 최고 거상 임상옥의 손으로 들어가게 되었습니다. 임상옥은 계영배를 곁에 두고 끊임없이 솟구치는 욕심을 잘 다스려 큰 재산을 모았을 뿐만 아니라 어려운 사람을 두루 보살폈고, 나라의 부름을 받아 벼슬도 했으며, 사람들의 존경 속에서 말년을 유유자적하며 행복하게 살았습니다. 자신의 욕심을 담은 잔이 넘치지 않도록 평생 마음을 가꾼 임상옥의 일화를 통해 작은 것을 버리고 큰 것을 얻는 큰 지혜에 대해 생각해 봅시다.

임상옥은 1779년 평안도 의주에서 4대째 만상(중국을 상대로 무역을 하는 상인)을 하던 전통적인 장사꾼 집안에서 태어났습니다. 임상옥이 스무 살 되던 해, 그의 아버지 임봉핵은 엄청난 빚을 남기고 술에 취해 압록강에 빠져 죽었습니다. 임상옥은 빚을 갚기 위해 아버지가 빚진 상점의 점원으로 들어갔습니다. 당시 의주 상인은 사람을 고용해도 품삯을 주지 않고, 숙식만 제공했습니다. 그렇게 5년이고 10년이고 데리고 있다가 재목이 아니다 싶으면 내쫓아 버리고, 괜찮은 재목이다 싶으면 자본을 내주어 독립시키는 풍습이 있었습니다. 다행히 임상옥은 주인의 눈에 들어 독립할 수 있었지요.

임상옥이 일개 지역 상인에서 조선을 대표하는 대상인이 된 사건은 1821년에 일어났습니다. 이해에 임상옥은 변무사의 수행원 자격으로 인삼 오천 근(홍삼)을 싣고 청나라 연경으로 향했습니다. 두 달이 넘는 긴 여행 끝에 연경에 도착하자 임상옥은 숙소 앞에 다음과 같은 방을 내붙였지요.

'인삼 1근당 은자 40냥'

이를 본 중국 상인들은 놀라고 당황하고 분노했습니다. 그동안 인삼 가격은 인삼을 독점적으로 소비하던 중국 상인이 정하는 것이 관례였기 때문이었습니다. 더구나 임상옥이 제시한 가격은 지난 200년간 거래해 온 가격에 비해 두 배 이상 비쌌습니다. 중국 상인들은 임상옥이 가져온 인삼을 사지 않기로 동맹을 맺었습니다. 임상옥의 발등에 불이 떨어진 것입니다. 이 싸움은 두 가지 이유로 임상옥에게 불리했습니다.

첫째, 임상옥에게는 시간이 없었습니다. 사신단의 일원으로 왔으므로 사신단이 돌아가는 2월 초면 인삼을 팔건 못 팔건 상관없이 그도 돌아가야 했습니다.

둘째, 임상옥의 자금력은 중국 상인의 적수가 되지 못했습니다. 더구나 이쪽은 한 사람이고 저쪽은 인삼을 사려는 모든 중국 상인이기 때문에, 임상옥이 이 싸움에서 지리라는 것은 불을 보듯 뻔했습니다.

이렇게 되리라는 것을 예상하지 못한 바는 아니었지만 분명 위기는 위기였습니다. 하지만 임상옥은 용기와 지혜로 이 위기를 헤쳐 나갔습니다. 임상옥은 속이 꺼멓게 타들어 가고 있었지만 겉으로는 태연한 척 행동했지요. 기세가 싸움의 승패를 결정짓게 될 것으로 판단했기 때문입니다.

임상옥은 다시 방을 내걸었습니다.

'인삼 1근당 은자 60냥'

중국 상인들의 불매 운동에 대항해 가격을 더 올린 것입니다. 중국 상인들은 더 화가 났겠지요. 작은 나라 조선에서 온 상인 하나가 그동안의 관행을 제멋대로 바꾸려 하고, 무엇보다도 대국의 상인 전체를 무시하고 있었으니 말입니다. 중국 상인들은 더 단합했습니다. 자기네끼리 모이면 "돈이 문제가 아니다. 소국 장사꾼에게 대국의 무서움을 보여 줘야 한다."고 목소리를 높였습니다.

이런 상태로 두 달이 지났고, 이제 임상옥이 연경에 머물 날도 이틀밖에 남지 않았습니다. 그는 마지막 승부수를 띄울 준비를 했습니다. 객사 마당에 장작을 두 무더기 쌓아 놓고 그 위에 가져온 인삼을 올려놓았습니다. 그리고 다시 방을 붙였습니다.

'인삼 1근당 은자 100냥'

그와 동시에 사람을 풀어 소문을 냈지요. "오늘까지 팔리지 않은 인삼은 조선에서는 필요 없으니 불태워 없앨 것이다. 인삼을 태우는 것은 평생 보지 못할 구경이니 다들 와서 보라."고 말입니다.

신경을 곤두세우고 임상옥의 행동을 지켜보던 중국 상인들은 경악했지요. 설마 그런 무모한 짓을 벌일까 반신반의하며 객사로 모여들었습니다.

이윽고 정한 시간이 되자, 임상옥은 한 치의 망설임도 없이 수하들에게 명령했습니다.

"불을 놓아라!"

겨울바람에 바짝 마른 장작들이 불타올랐습니다. 인삼 타는 냄새가 객사를 뒤덮었습니다. 중국 상인들은 술렁이기 시작했습니다. 그들에게 인삼은 금을 캐는 노다지나 다름없었기 때문입니다. 한 근당 100냥이 아니라 200냥을 주고 사도 이익이 남는 게 바로 인삼 장사였으니까요. 조선 상인에게 휘둘릴 수 없어서 집단으로 불매 운동을 벌였지만, 이렇게 인삼을 다 태워 버리면 아예 인삼 장사를 못할 처지가 되어 버리죠.

중국 상인들이 동요하고 있음을 간파한 임상옥은 바로 나머지도 불태우라고 지시했습니다.

그 순간 중국 상인 두어 명이 튀어나오면서 다급하게 외쳤습니다.

“잠깐! 나머지는 내가 사겠소.”

“아니요! 나에게 주시오.”

한 사람이 시작하자 모든 중국 상인이 앞다투어 임상옥에게 매달렸습니다. 자기들이 가격을 정하겠다면서 이리 가라 저리 가라 하던 고압적인 태도는 찾아볼 수 없었습니다. 오로지 인삼을 사지 못하면 어떡하나 하는 조바심에 몸이 단 장사꾼들만 있었을 뿐입니다.

임상옥은 불에 태워 버리고 남은 인삼만 팔았는데도 예전에 **인삼 무역**을 할 때보다 두 배도 넘는 이익을 냈습니다. 더 중요한 것은 그 후로 인삼 가격은 중국 상인이 일방적으로 정하는 것이 아니라 조선 상인과 중국 상인이 그 해의 작황이나 수요를 살펴 협의해서 결정하게 되었다는 것입니다.

만약 임상옥이 자신이 가져온 인삼을 팔아 이익을 남기려고 도중에 중국 상인들의 담합에 무릎을 꿇었다면 어떻게 되었을까요? 그 해의 인삼 작황 상태와 관계없이 중국 상인들이 사고 싶은 인삼 값을 정해 버리는 관행은 계속되었을 테고, 임상옥의 행동을 괘씸하게 여긴 중국 상인들이 인삼 값을 더 싸게 정해 버렸을지도 모를 일이죠.

경제의 자주권이란 당장은 손해를 보더라도, 먼 미래까지 내다보고 물건을 만드는 사람들에게 충분히 이익이 돌아갈 수 있도록 개선하는 과정에서 차근차근 확립되는 것입니다.

임상옥은 평생 ‘재상평여수 인중직사형’이라는 말을 좌우명으로 삼고 살았습니다. 재물은 공평하기가 물과 같아야 하고, 사람은 바로 하기가 저울과 같아야 한다는 뜻이지요.

임상옥은 평생 이익의 70퍼센트만을 취했다고 합니다. 나머지 30퍼센트는 동업자, 협력자들의 몫으로 돌렸다고 하지요. 요즘으로 치면 대기업이 70퍼센트, 협력 업체나 하청 업체가 30퍼센트의 이익을 나눈 겁니다. 이런 나눔과 상생의 정신이 조선의 거상 임상옥의 상도였습니다.

계영배를 곁에 두고 공평하고 바른 경영으로 큰 부를 손에 넣었을 뿐만 아니라 경제 자주권을 실현하고 경제의 사회적 책임을 온몸으로 보여 준 임상옥은 쉰아홉 살에 모든 사업에서 물러나 빈민 구제와 사회봉사 활동, 그리고 시와 술을 즐기며 품격과 풍취가 있는 여생을 보냈습니다.

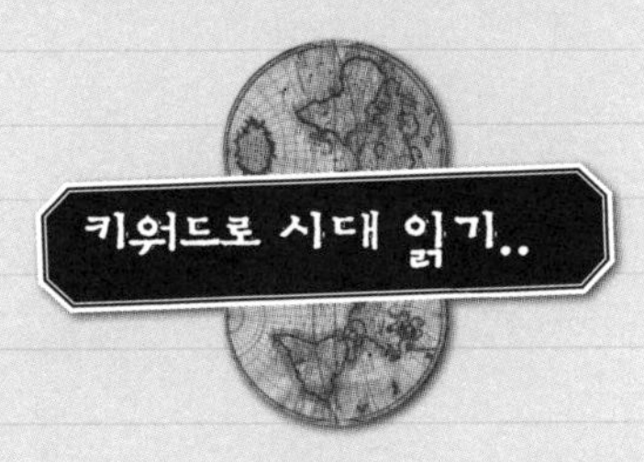

::: 인삼 무역과 개성상인

우리나라 역사에서 인삼 무역과 관련해서 개성상인의 역할이 큽니다. 17세기 중엽에서 18세기 전반까지 일본은 중국과 교역하지 않았습니다. 개성상인은 직교역이 단절된 중국과 일본을 오가는 중개 무역 품목에 인삼을 넣음으로써 막대한 부를 축적했습니다. 인삼 유통 허가권을 보유한 개성부에서 이 권한을 개성상인에게 부여했기 때문에, 개성상인은 인삼이 재배되기 이전부터 국내 인삼 유통의 주도권을 장악할 수 있었지요.

개성상인은 정부가 허가하는 공식적인 인삼 무역 외에 몰래 하는 밀무역에도 손을 뻗고 있었습니다. 임상옥이 중국 상인과 인삼 가격을 놓고 담판 짓던 해인 1821년에는 정부의 공식 홍삼 무역량은 1년에 200근이었지만, 중국으로 밀수출하는 것은 수천 근에 달했다고 합니다.

당시에 중국 상인이 조선과 밀무역으로 더 싼값에 홍삼을 확보할 수 있었음에도 불구하고 임상옥이 인삼 값을 제대로 쳐서 받은 사실은 그의 배포가 얼마나 컸는지 짐작할 수 있는 대목입니다.

가난이 보편이던 시대,
자신의 것을 **나눔**으로써 함께 발전하다

유일한
1895~1971

누군가 사업을 해서 부를 쌓았다면, 그것은 개인적인 노력의 산물일까요? 아니면 사회적인 노력이 함께 담긴 것일까요? 지금의 자본주의 시장 경제 체제에서는 개인이 쌓은 부는 온전히 개인적인 노력의 산물로 간주하는 경향이 있습니다. 하지만 나는 조금 다르게 생각합니다. 인간이라는 존재가 사회적인 관계망 속에서 살아가는데, 어떻게 순수하게 혼자만의 노력으로 개인의 부가 형성될 수 있겠습니까? 기업이 활동을 잘할 수 있도록 사회 기반 시설이 만들어져야 하고, 그 기업과 기술을 나누거나 협력하는 다른 기업이 있을 테지요. 기업에서 역할을 다 하는 노동자가 없다면 기업을 제대로 움직이지 못할 것입니다. 그러므로 누군가가 부를 쌓았다면, 거기에는 그가 의식하건 의식하지 못하건 분명히 사회적인 노력이 들어가 있을 수밖에 없지요. 부의 정도가 클수록 부에서 차지하는 사회적 노력의 비중 또한 함께 커지는 거고요. 부를 쌓은 이들이 사회에 대한 책임을 다하는 데는 그만한 까닭이 있다는 뜻이지요.

우리나라에 기업이 많이 생기던 때인 1960년대, 기업의 성장 원인이 사

02 { 경제 정의를 실천하다 }

회적인 노력에 있음을 인정하고, 자신과 전혀 혈연관계가 없는 사람에게 경영자 자리를 물려주었을 뿐 아니라, 자식들에게는 생활에 필요한 최소한의 돈만 물려주고, 나머지는 모두 직원과 사회에 환원한 기업가가 있습니다. 바로 주식회사 유한양행을 설립한 기업가 유일한입니다.

지금으로부터 40여 년 전, 부의 재분배를 통해 경제 정의를 실천한 유일한의 이야기를 통해 기업가의 부와 사회적 책임에 대해 생각해 봅시다.

유일한은 1895년 자수성가한 상인의 9남매 중 장남으로 태어났습니다. 유일한의 아버지 김기연은 일찍이 숭실학교를 설립했던 장로교 선교사 사무엘 마펫에게 세례를 받았고, 스스로 짧게 머리를 깎은 개화 인사였습니다. 그는 나라의 주권을 지키고, 자주독립을 유지하려면 국민 개개인이 실력을 쌓고 경제적으로도 자립해야 한다는 것을 절감해, 장남인 유일한을 선진 자본주의 대국인 미국으로 유학 보내기로 했습니다. 외무부 참사관을 지낸 박장현과 그의 조카인 박용만이 미국 가는 길에 딸려 보냈지요.

1905년 2월 일행과 함께 샌프란시스코에 도착한 유일한은 네브래스카 주에 정착했고 초등학교에 입학해 미국에서의 유학 생활을 시작했습니다. 그는 침례교를 믿는 경건한 독신주의 자매의 집에서 지냈습니다. 두 자매는 아침 일찍 일어나 성서를 읽고 기도한 다음, 밭에서 온종일 일하는 성실하고 검소한 삶을 살았습니다. 유일한은 이들의 모습에서 기독교의 노동 윤리를 배웠습니다.

유일한은 그 후 박용만이 독립군을 키우기 위해 미국에 세운 헤스팅스 소년병 학교에 입학해, 독립 전쟁론에 크게 영향을 받았습니다. 유일한은 낮에는 농장에서 일하며 학비를 벌고, 오후에는 학과 공부와 군사 훈련을 하는 고학 생활을 했습니다. 힘든 생활이었지만, 독립 전쟁의 지휘관이 되겠다는 신념과 긍지를 가지고 있었기에 견뎌낼 수 있었습니다. 이러한 생활은 소년병 학교가 문을 닫는 1912년까지 계속되었습니다. 이때 형성된 민족의식과 자주독립 사상은 그가 독립운동을 하게 된 원천이었고, 훗날 기업 경영 철학이 되었습니다.

유일한은 대학에 다니면서 본격적으로 아르바이트를 했습니다. 당시에는 대학에서 제공하는 시간제 아르바이트나 연구원으로 취직하는 것이 보통이었는데, 유일한은 장사를 택했습니다. 어릴 때부터 아버지의 어깨너머로 보고 배운 장사야말로 자신 있게 할 수 있는 일이었기 때문이죠.

당시 디트로이트에는 대륙 횡단 철도 건설을 위해 미국으로 건너온 중국인이 많았습니다. 이들은 고향에 대한 향수를 달래 주는 물건을 좋아했지요. 유일한은 중국인들을 상대로 중국 향취가 담긴 비단 손수건이나 인형, 장신

구, 심지어 카펫까지 들고 다니며 팔았습니다. 유일한은 이 경험을 통해 경영가로서 필요한 뚝심과 감각을 갖추어 나갔습니다.

유일한은 대학을 졸업한 후 미시간 중앙 철도 회사와 세계적인 전기 회사인 제너럴 일렉트릭 등에서 일하다가, 1922년 대학 동창과 함께 숙주나물 통조림을 생산하는 라초이 식품 회사를 설립했습니다. 이를 운영하여 어느 정도의 사업 자금이 마련되자, 유일한은 미국의 사업체와 재산을 정리하고 귀국 준비를 서둘렀습니다.

귀국한 지 몇 개월 뒤인 1926년 12월, 유일한은 유한양행을 설립·경영했습니다. 이는 민족의 실력 양성과 경제적 자립을 염두에 두고 자신을 미국으로 유학 보냈던 아버지의 뜻을 실현하기 위한 것이었습니다. 동시에 평소에 그가 품고 있던 '건강한 국민만이 교육도 받고 나라도 찾을 수 있다'는 뜻을 이루기 위한 첫걸음이기도 했습니다. 유일한은 유한양행의 사업을 다양화하여 의약품 생산과 함께 위생용품, 농기구, 염료 등을 수입하여 민중의 건강과 생활 향상에 진력하고, 우리나라의 특산품인 화문석, 도자기, 죽제품 등을 미국에 수출하여 민족 자본 형성에도 이바지했습니다.

유일한은 1939년 사업차 미국에 갔다가, 태평양 전쟁이 일어나는 바람에 귀국하지 못하고 미국에서 8·15광복을 맞이했습니다. 광복 후 미국에서 돌아와 유한양행을 재정비했고, 1953년 휴전 이후 계속 성장하여 성실한 우수 약품 생산 업체로 자리를 잡았습니다. 1969년 기업의 제일선에서 은퇴하면서는 혈연관계가 없는 전문 경영인에게 경영권을 넘겨줌으로써 **전문 경영인 (CEO) 시대**의 막을 열었습니다. 이는 우리나라에서 최초로 종업원 지주제를 실천했던 사실과 더불어 기업 경영사의 일대 사건이 되었습니다.

　유일한은 유한양행을 경영하면서 윤리 경영을 실천했습니다. 탈세하지 않았으며 모르핀을 팔아 떼돈을 벌자고 유혹하는 간부 사원에게 "그러려면 당장 회사를 나가라."고 꾸짖기도 했습니다. 유일한이 생각한 **기업의 목표는 정직, 성실, 신용으로 근면하게 기업을 경영해 경제 발전에 이바지하고, 국가와 민족에 봉사하는 것**이었습니다. 이렇게 자신이 처한 환경에서 능력에 따라 자기 일을 찾아 함으로써 의식주를 해결하고, 모든 사람에게 이로움을 주는 것이 진정한 자본주의라는 것이 유일한의 생각이었습니다.

　유일한이야말로 조선 시대부터 내려온 신상, 즉 나라와 민족을 위해 상공업을 일으킨 사람의 전형에 들어맞는 사람이었습니다. 그의 유해는 그의 유언대로 생전에 심혈을 기울여 만든 유한공업고등학교 안에 있는 묘소에 안장돼 청년들과 함께하고 있습니다.

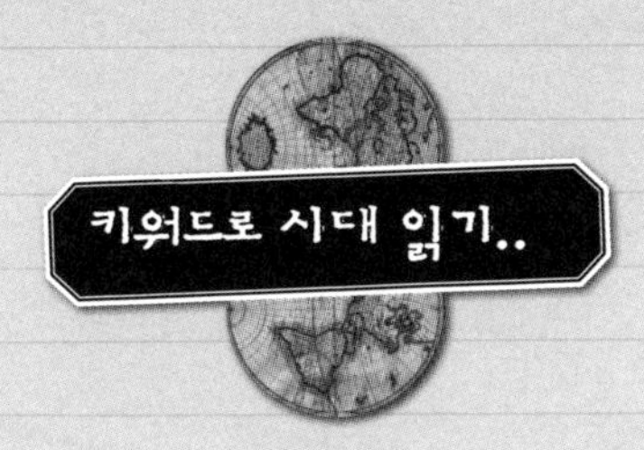

::: 유일한의 나눔 정신을 엿볼 수 있는 유서

유일한의 유서를 살펴보면 개인의 부를 자신만의 노력으로 이룬 것이 아니었다고 생각하는 생활 신조를 짐작할 수 있습니다.

첫째, 유일선의 딸, 즉 손녀인 유일링(당시 7세)에게는 대학 졸업 시까지 학자금 1만 달러를 준다.

둘째, 딸 유재라에게는 유한공고 안에 있는 묘소와 주변 땅 5천 평을 물려준다. 그 땅을 유한동산으로 꾸미고 결코 울타리를 치지 말고 유한중, 공업고교 학생들이 마음대로 드나들게 하여 어린 학생들이 티 없이 맑은 정신에 깃든 젊은 의지를 지하에서나마 더불어 느끼게 해 달라.

셋째, 유일한 자신의 소유 주식 14만 941주는 전부 '한국 사회 및 교육 원조 신탁 기금'에 기증한다.

넷째, 아내 호미리는 재라가 그 노후를 잘 돌보아 주기 바란다.

다섯째, 아들 유일선은 대학까지 졸업시켰으니 앞으로는 자립해서 살아가거라.

민심이 어지러운 시대,
<u>노블레스 오블리주</u>로 경제 양극화를 해소하다

경주 최 부자

권력은 사회 조직 안에서 구성원들에게 끼치는 힘과 영향력입니다. 둘은 얼핏 비슷한 것 같지만 큰 차이가 있습니다. 힘은 직접적이고 강하지만 비용이 많이 듭니다. 반면, 영향력은 직접적이지 않고 은근히 작용해서 약해 보이지만 실제로는 매우 강합니다. 영향력은 사람의 마음을 움직이기 때문에 한번 작용하면 효과가 오래간다는 장점이 있습니다. 사회 구성원의 마음을 움직여서 실행된 권력이기 때문에 비용도 많이 들지 않죠. 이래서 권력을 운용하는 사람은 힘보다 영향력을 선호하기 마련입니다.

문제는 영향력을 행사하고 싶다 하여 모든 권력자가 영향력을 가질 수 있는 것은 아니라는 사실입니다. 영향력을 행사하기 위해서는 권력의 주체가 사람들로부터 존경받고 존중받아야 하기 때문이지요. 사람들이 자발적으로 마음을 기울여 따르는 것이므로 존경과 존중이 없이는 가질 수 없는 것이 바로 영향력입니다.

'부자 3대 가기 어렵다'는 속설이 있습니다. 하지만 이 말을 비웃기라도 하듯 사람들로부터 존경받고 존중받았을 뿐 아니라, 12대에 이르는 후손 모

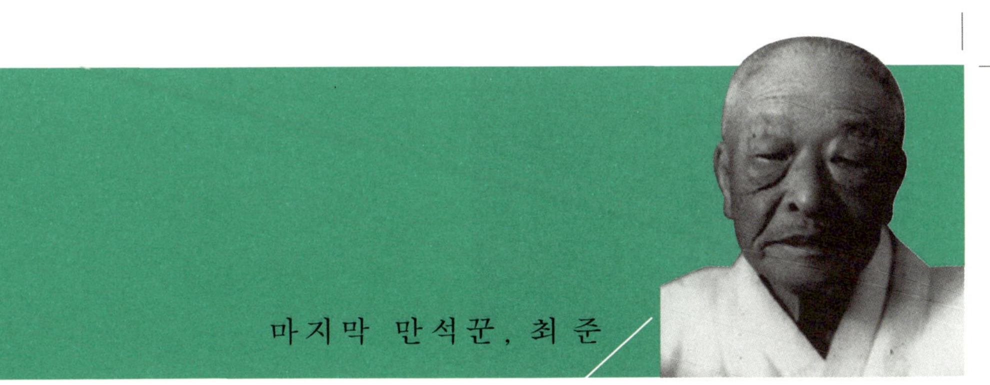

두가 400여 년의 세월 동안 영향력을 행사한 집안이 있습니다. 바로 조선 시대 선비 최진립(1568~1636)부터 시작된 경주 최 부자 집안입니다. 최씨 집안이 사람들의 마음에 영향을 끼친 방법은 어떤 것이었을까요?

최진립은 경북 경주 사람입니다. 그는 임진왜란이 일어나자, 고향에서 동생 최계종과 함께 의병을 일으켜 전공을 세우고 무과에 급제했습니다. 3년 후 정유재란이 일어나자 결사대를 조직했고 서생포에서 대승을 거뒀습니다. 1630년에는 삼도 수군통제사가 되었고, 1636년 병자호란이 일어나자 공주 영장으로 용인에서 싸우다 전사했습니다.

최진립은 임진왜란과 병자호란 두 차례의 전쟁에 참가해 공을 세웠을 뿐만 아니라, 후손에게 길이 전할 유훈도 남겼습니다. 이것이 바로 최 부자 집안을 400년간 존경받게 하였지요.

이웃을 위해 아낌없이 내놓은 덕망 있는 부자. 왜 최 부자만이 이런 명망을 가졌을까요? 왜 이들은 훌륭한 부자가 되었을까요?

당시는 임진왜란과 병자호란 같은 큰 난리가 휩쓸고 간 뒤라 사회가 혼란스러웠습니다. 이때 최진립의 손자 최국선(1631~1682)은 뜻하지 않은 사회 문제에 부딪쳤습니다. 도적이 침입해 재산에 큰 손해를 입은 것입니다. 도적들은 전쟁 후 몰락하여 먹고 살 길이 없는 최하위 계층이었습니다. 최국선은 이들이 도적질하는 것은 자신들의 절망을 표현하는 것으로 판단했습니다. 아무리 합법적으로 부자가 되었더라도 주변에 배곯는 이웃이 있다면 그것은 정당화될 수 없다는 것을 깨달았습니다. 최국선은 도적도 이웃이라고 생각하고 그들을 처벌하지 않았습니다. 오히려 그들을 가난에서 구제하고, 소작인과 이익을 공평하게 나누는 방법을 고민했지요. 400년간 이어진 경주 최 부자 집의 진정한 역사가 시작된 것입니다. 뜻하지 않은 경험으로부터 교훈을 얻고, 그것을 새로운 방향으로 바꿀 줄 아는 지혜. 이때부터 최 부자 집은 **하층민과 나누는 상생의 길**을 걸었습니다.

최국선은 과감히 곳간을 열었습니다. 배부른 사람이 배고픈 사람의 절망과 공포를 이해하기란 쉽지 않습니다. 최 부자 집은 여느 부잣집과 달랐습니다. 최 부자 집은 풍년의 기쁨을 함께 누리려면 흉년의 아픔 또한 이웃과 함께 감수하는 것이 부자의 도리라고 믿었습니다. 이때부터 **'사방 백 리 안에 굶어 죽는 사람이 없게 하라'**는 유명한 말이 생겼습니다.

사람들이 어렵고 급한 사정으로 최 부자 집에 담보를 잡히고 쌀을 빌렸지만, 그 문서를 모두 불태움으로써 담보 잡힌 사람들의 불안을 덜어 주었습니다. 담보가 없어도 갚을 사람은 갚는다는 것이 최국선의 생각이었던 것입니다.

‘흉년에 남의 논밭을 사지 마라’는 재산을 불리더라도 남의 불행을 이용하지 말라는 부의 도덕성을 강조한 것입니다. 부자에게 흉년은 재산 불리기에 절호의 기회입니다. 형편이 다급한 농민은 굶어 죽지 않기 위해 헐값에 농토를 내놓기 때문이지요. 이렇게 사들인 논을 ‘죽빼미논’, 벼 한 섬으로 샀다고 해서 ‘한 섬 논’이라 불렀습니다. 최 부자 집은 다른 부자들과 정반대의 길을 걸었습니다. 최 부자 집은 모두가 더불어 살아야 한다는, 공동선 의식이 있었습니다. 이웃이 편해야 내가 편하지 이웃이 불편한데 내가 편할 수 없다는 논리이지요.

이 같은 생활 철학은 **‘재산은 만 석 이상 모으지 마라’**는 최 부자 집만의 독특한 재산 운영 방법에서도 잘 나타납니다.

토지가 좁은 영남 지방에서 만 석 이상의 소작료를 거두는 것은 소작인들에게 부담이 됩니다. 소작료의 총합을 만 석으로 고정하자, 최 부자 집의 땅이 늘수록 소작료는 낮아졌습니다. 최 부자 집이 부유해지면 소작인의 곳간도 덩달아 불어나는 독특한 경제 형태였지요. 소작인들은 최 부자가 더 많은 땅을 가지길 바랐고 팔 땅이 있으면 앞다투어 최 부자 집에 알렸습니다. 수확물을 소작인과 나누어 가짐으로써 최 부자 집과 소작인이 함께 부유해지고, 안정적으로 부를 유지함으로써 더 크게 발전할 수 있게 되었습니다. 자신이 적정하게 이익을 가지는 것이 무작정 많이 가지는 것보다 더 유리하다는 것을 보여 준 것입니다.

안정적인 부를 유지하고 지역 사회의 신망을 얻자 전국 각지의 손님들이 최 부자 집 사랑채를 드나들었습니다. **'과객을 후하게 대접하라'**는 최 부자 집의 철학 때문이었습니다.

최 부자 집은 특별한 뒤주를 하나 두었습니다. 사랑채에 손님이 넘칠 때 이 뒤주에서 쌀 한 줌과 과메기 한 마리를 가지고 하인 집이나 소작인 집으로 가면, 최 부자 집 손님인 줄 알고 밥을 지어 주고 잠자리도 제공했습니다. 최 부자 집은 손님을 대접하는 하인이나 소작인에게는 소작료를 받지 않았지요. 숙박 시설이 많지 않던 시절 최 부자 집은 나그네에게 최고의 숙박처였습니다. 많게는 하루 백여 명이 넘을 정도였다니 그 규모를 상상할 만하지요.

손님은 누구든지 최 부자 집이 직접 재배한 미역과, 인근 특산물인 과메기를 기본 반찬으로 하여 독상으로 대접했습니다. 차별 없이 손님을 대접한 결과, 최 부자 집은 인심도 얻고 폭넓은 지식과 문화 교류를 통해 다른 지방의 정보를 얻을 수 있었고, 최 부자 집을 다녀간 사람들의 입을 통해 최 부자 집의 명망은 전국적으로 알려지게 되었습니다.

동서고금을 막론하고 부의 시작은 아껴 쓰기입니다. 최 부자 집도 예외가 아니었지요. **'최씨 가문 며느리들은 시집온 후 3년 동안 무명옷을 입어라'**는 유훈은 만석꾼 며느리도 보통 사람들의 고단한 삶을 알아야 한다는 가르침이었습니다.

최 부자 집은 7대 최연경 때 경주 교동으로 이사했습니다. 흔히 경주 최 부자 하면 교동 최 부자를 말하는데 이는 정무공 최진립이 아닌, 셋째 아들 동량의 후손입니다. 경주부윤과 향교가 가까이 있게 되면서 최 부자 집은 경주의 중심에 서게 됐습니다. 그러나 그 과정에는 우여곡절이 많았습니다. 유림이 최 부자 집안이 향교의 권위에 도전한다고 생각해 향교 옆에 집을 짓는 것을 결사적으로 반대했거든요. 최 부자 집은 집터를 한 자 이상 깎아 처마를 낮춤으로써 유림의 반발을 막을 수 있었습니다. 이즈음 최 부자 집은 경주 사마소를 통해 진사와 생원을 대거 배출해 지역 사회의 중심이 되었습니다.

당시 경주는 남인과 노론의 당쟁이 치열했습니다. 최 부자 집은 무반가였기 때문에 당쟁으로부터 한 발짝 떨어져 있을 수 있어 격렬한 당쟁에 휘말리지 않았습니다. 높은 자리에 오를수록 당쟁에 휘말릴 것을 대비하여 **'벼슬은 진사와 생원 이상 하지 마라'**는 유훈을 따른 결과였습니다.

400년간 상생의 길을 통해 부를 유지했던 최 부자 집에 최대 위기가 닥쳤습니다. 나라가 망한 것입니다. 이때 집안 살림을 물려받은 이는 최준(1884~1970)으로, 20대 중반이었습니다. 망국의 한을 참기에는 혈기왕성한 나이였죠. 최준은 항일 독립운동 단체인 대동 청년단의 운영 자금을 댔고 상해 임시 정부에 군자금도 보냈습니다. 이 때문에 두 차례나 옥고를 치렀지요. 최준의 두 동생도 독립운동에 나섰습니다. 둘째 동생 최완은 대동 청년당을 거쳐 1920년 상해 임시 정부 수립에 참여해 재무위원과 의정원 의원으로 활동했습니다. 일본 경찰도 가만있지 않았습니다. 최준에게 글씨를 배우고 싶다며 드나들던 일본 경찰이 최준의 글씨체를 위조해서 최완에게 '부친이 위급하다'는 편지를 보냈고, 속아서 귀국하던 최완은 고문 끝에 35살의 젊은 나이로 순국했습니다.

최준은 해방 후 남은 전 재산을 들여 영남대학교를 설립했습니다. 우리나라가 일제의 식민지로 전락했던 데에는 민족이 제대로 못 배운 탓이 크다고 생각해 교육에 투신한 것입니다. 최준은 갖고 있던 논밭과 경주 집을 포함한 전 재산과 장서 8천 권까지 모두 대학에 기증했습니다.

해방되었으니 일경의 감시도 없고, 전 재산을 희사해 도둑이 들 일도 없으니 대문을 활짝 열어두라는 말을 남기고 최준은 죽었습니다. 그의 자손들은 최준의 가르침대로 평범한 생활인으로 성실하게 살아가고 있습니다. 12대 400년간 내려온 경주 최 부자 집의 찬란한 역사는 **노블레스 오블리주**를 실천하는 것이 어떤 것인지, 청부(깨끗한 부)가 어떤 것인지를 잘 보여 주고 있습니다. 빌 게이츠, 워렌 버핏 같은 존경받는 부자는 미국에만 있지 않습니다. 우리 역사에도 경주 최 부자나 임상옥처럼 존경받는 부자가 많이 있었습니다. 이 같은 청부의 전통을 오늘에 되살리는 좋은 부자가 많았으면 합니다.

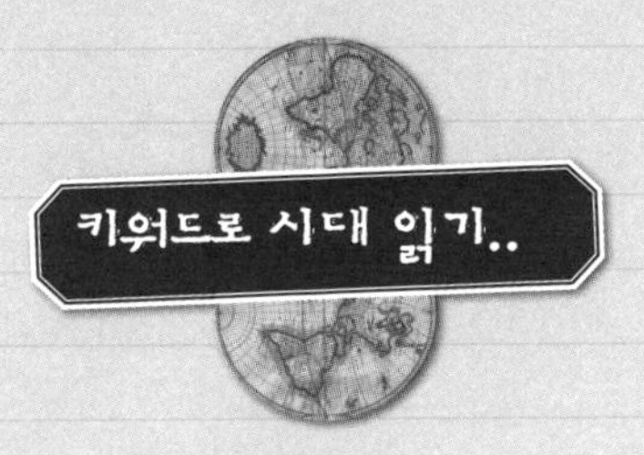

::: 노블레스 오블리주 (noblesse oblige)

사회 고위층 인사에게 요구되는 높은 수준의 도덕적 의무를 말합니다.

초기 로마 사회에서는 사회 고위층의 공공 봉사와 기부·헌납 등의 전통이 강했고, 이런 행위는 의무이자 명예로운 일로 자발적·경쟁적으로 이루어졌습니다. 특히 귀족을 비롯한 사회 고위층이 전쟁에 참여하는 전통은 더욱 강했는데, 로마 건국 이후 500년 동안 원로원에서 귀족이 차지하는 비중이 15분의 1로 급격히 줄어든 것도 계속되는 전쟁에 귀족이 많이 희생되었기 때문입니다. 귀족층의 솔선수범과 희생에 힘입어 로마는 고대 세계의 맹주로 자리할 수 있었으나, 제정 시대 이후 권력이 황제 개인에게 집중되고, 도덕적으로 해이해지면서 사회가 급격하게 쇠퇴했습니다.

근대와 현대에 이르러서도 이러한 도덕의식은 계층 간의 갈등을 해결하는 최고의 수단이 되었습니다. 제1차 세계 대전과 제2차 세계 대전에서 영국의 고위층 자제가 다니던 이튼칼리지 출신 중 2,000여 명이 전사했고, 포클랜드 전쟁 때는 영국 여왕의 둘째 아들 앤드루가 전투 헬기 조종사로 참전했습니다. 6·25 전쟁 때에도 미군 장성의 아들이 142명이나 참전해 35명이 목숨을 잃거나 다쳤지요. 중국 지도자 마오쩌둥이 6·25 전쟁에 참전했다 전사한 아들의 소식을 듣고는 시신 수습을 포기하도록 지시했다는 일화도 유명합니다. 숨진 아들을 생각하면 고통스럽지만 죽은 아들을 위해 살아 있는 젊은이들을 희생 시킬 수는 없다는 그의 마음이 잘 드러나는 대목입니다.

상도 (전3권)
최인호 지음, 여백, 2009

우리 역사상 최고의 무역왕 임상옥의 파란만장한 일대기를 그린 최인호 작가의 장편 소설입니다. 조선시대 후기인 19세기, 장사꾼이 사농공상의 맨 아래 계급으로 천대받던 시대에 상업의 도를 이룬 조선 최고의 거상 임상옥의 이야기를 따라가다 보면, 진정한 상인 정신이란 무엇이고, 부에 대한 가치는 어떻게 정립해야 할지 생각하게 됩니다.

임상옥 개인의 기지로 위기를 헤쳐나간 이야기는 물론, 임상옥이 어떻게 조선 최고의 상인이 되었으며, 그가 조선 경제 발전에 어떤 기여를 했는지, 당시의 상업 환경에 대한 정보도 있어 자연스럽게 역사 지식도 얻을 수 있습니다.

유일한 평전
조성기 글, 작은씨앗, 2005

전 재산을 사회에 환원한 유한양행 창업자이자, 한국의 CEO와 경제학 박사들이 가장 존경하는 기업가, 사회사업가이자 독립운동가로 자기에게 주어진 시대를 뜨겁게 살다 간 유일한의 평전입니다. 유한양행의 창업자이자 기업인으로서의 유일한의 모습뿐만 아니라 그가 어린 시절 겪었던 일들과 당시의 사회 배경까지 세세히 풀어 놓았습니다. 저자는 여러 방면에서 얻은 역사 자료들을 기초로 서로 어긋나는 부분들을 바로잡았고, 그것들을 시간의 순서에 따라 정리했으며, 가족들과의 모습도 그려냈습니다.

정치권력과 기업의 검은 돈 거래를 통한 정경 유착이 여전히 사회 문제로 부각되는 요즘, 그의 경영 마인드와 리더십을 되짚어 볼 기회가 되어 줄 것입니다.

3백 년을 이어온 최고의 명가 경주 최부잣집 이야기
심현정 글, 송수연 그림, 느낌이있는책, 2010

경주 최 부잣집이 9대 동안 진사를 지내고 12대 동안 연이어 만석지기로 지낸 명부의 면모를 생생하게 보여 줍니다. 최 부잣집 자녀들이 듣고 배웠던 부자가 되는 비밀과 부자로서 사는 법이 파란만장했던 우리나라 역사와 함께 펼쳐져 있습니다.

진정한 노블레스 오블리주를 실천한 경주 최 부잣집은 가진 만큼, 도덕적 의무를 통해 자신들의 삶의 질을 높였습니다. 철저하게 근검절약했고, 나라와 이웃을 위해 자신들의 재산을 아낌없이 썼던 이 집안은 사방 백리 안에 굶어 죽는 사람이 없도록 흉년에는 자신들의 곳간을 열었고, 지나친 재산의 축적을 경계해서 만석 이상의 재산은 갖지 않았습니다.

조선 중기부터 일제 강점기까지 우리나라 역사와 호흡을 함께한 최 부잣집의 이야기를 어린이들의 눈높이에 맞추어 쉽고 재미있게 설명했습니다.

경주 최부잣집 300년 부의 비밀
전진문 글, 민음인, 2010

1600년대 초 경주 지방에서 처음 가문을 일으킨 최진립부터 광복 직후 모든 재산을 바쳐 대학을 설립한 최준에 이르기까지, 12대 300여 년 동안 거부로 살아온 경주 최부잣집의 이야기를 통해 현대인이 '부를 모으고 유지하며 올바르게 쓰는 방법'에 대해 이야기합니다.

부와 권력은 한꺼번에 가질 수 없으므로 부를 유지하기 위해 필요한 최소한의 권력만을 유지할 것, 지나친 욕심은 오히려 화가될 수 있음을 경계하는 의미에서 재산의 한계를 정해 이를 넘지 말 것, 그리고 재산을 불리는 과정에서 인간관계에서 사회적 책임을 무시하지 말 것 등 집안 대대로 내려오는 규율에는 300년이 지난 지금도 귀중한 가치를 가지는 지혜가 담겨 있습니다.

도덕적 가치를 지키며 부를 축적하였을 뿐만 아니라 가치 있는 일을 위해서는 모든 것을 아낌없이 버릴 수 있었던 집안의 경영 이념과 철학은 현대를 살아가는 사람들에게도 부자들이 나아가야 할 길, 부자가 된다는 것의 의미를 다시 한 번 생각해 보게 합니다.

03

변화를 열망하는
민심을
읽다

오래 고인 물은 썩기 마련이고, 이 문제를 해결하려면 새로운 물로 갈아 줘야 합니다.

사람의 역사도 물과 같아서 권력이나 부, 제도가 변하지 않고 오래 되면 병폐가 생깁니다.

분쟁과 전쟁, 개혁 등으로 변화가 필요한 시대에 민심을 잘 읽어 내고

어떻게 변해야 하는지를 잘 짚어낸 인물들의 이야기를 살펴봅시다.

키워드

쿠바 혁명 • 메스티소의 행복 • 체 게바라

동학 농민 운동 • 협의 • 김성규

칠레 쿠데타 • 책임 • 아옌데

분쟁이 난무하는 시대, <u>메스티소의 행복</u>을 위해 혁명에 뛰어들다

체 게바라 1928~1967

낭만, 꿈, 불가능에 도전하는 무모함. 이것은 모두 젊음의 특권입니다. 이 특권이 가장 잘 표현되는 것이 여행이고요. 젊은이의 여행은 낭만과 모험과 무모한 도전으로 가득 차 있기 마련입니다.

17~18세기 유럽에서는 귀족과 중산층 자제라면 한 번쯤 여행을 떠나야 했습니다. 성인이 되는 데 필요한 일종의 통과 의례로 여겼기 때문이지요. 여행은 종종 질병과 예기치 않은 싸움, 강도 등으로 비극으로 끝나기도 했지만 그렇다고 중단되지는 않았습니다. 젊음은 성장통을 겪음으로써 사회의 일원으로 살아가는 지혜를 얻게 되기 때문이지요. 젊음이 가진 특권은 위험을 감수할 만큼 가치가 있으니까요.

죽는 날까지 자신이 꿈꾸었던 혁명을 실현하기 위해 여러 나라를 방랑한 체 게바라 역시 젊은 날 오토바이 여행을 통해 남미의 현실을 느끼고 자신을 돌아보았습니다. 그리고 '메스티소(라틴 아메리카의 에스파냐계 백인과 인디오와의 혼혈 인종. 라틴 아메리카 인구의 약 70퍼센트를 차지한다)는 모두 한 동족'임을 느꼈습니다. 게바라는 그 순간부터 동족 모두가 평화롭고

행복하게 사는 것을 꿈으로 삼았고, 그 꿈을 실현하기 위해 혁명에 뛰어들었습니다. 하지만 혁명은 현실이요, 목숨 건 전장이었으며, 냉혹한 계산으로 점철된 실존이었습니다. 첫 번째 꿈이었던 쿠바 혁명에 성공하고 나서 그는 새로운 꿈을 실현하고자 볼리비아의 밀림으로 뛰어들었다가 죽었습니다.

게바라의 죽음은 꿈을 좇는 열정의 끝을 보여 주지만, 그의 무모함이 아무 의미도 없는 것은 아니었습니다. 오늘도 게바라의 베레모 쓴 모습을 그려 넣은 티셔츠를 입고 젊은이들이 시내를 활보하니까요. 그 젊음 속에 체 게바라의 열정이 살아 있다면 이 또한 의미 있지 않겠습니까?

체 게바라는 1928년 아르헨티나 로사리오에서 스페인-아일랜드 혈통의 중류 가정에서 5남매 중 맏아들로 태어났습니다. 20대 초반까지 그는 부에노스아이레스에서 의학을 공부하는 등 엘리트 코스를 밟았지요. 그러다가 대학교 재학 중 두 번에 걸쳐 떠난 라틴 아메리카 여행 중 특히, 미국 소유의 광산에서 노예처럼 일하는 라틴 아메리카 사람들의 모습을 보고 인생이 바꿉니다.

"인간의 사랑과 유대감은 고독하고 절망적인 사건 사이에서 싹튼다."

라틴 아메리카 여행을 꼼꼼하게 기록했던 게바라의 감상입니다. 여행이 인간을 성숙시킨다는 진리는 젊은 게바라에게도 어김없이 적용되었던 모양입니다.

혁명에 참가하겠다는 의지를 불태우던 게바라는 의대를 졸업한 후, 사람을 치료하는 의사가 아니라 세상을 치료하는 혁명가로 살기로 결심합니다. 게바라는 볼리비아와 과테말라 등지에서 혁명 활동을 하다가 과테말라 정부로부터 사형 판결을 받았습니다. 멕시코로 도피한 게바라는 여기서 **피델 카스트로**와 운명적으로 만났지요. 이때가 1954년 9월, 게바라가 스물여섯 살 때의 일입니다. 부대의 의사가 돼 달라는 카스트로의 요청에 게바라는 이렇게 대답했지요.

"이미 나 자신의 다리가 라틴 아메리카의 구석구석을 돌아보았다. 과테말라에서는 가장 잔인하게 숨통을 죄었던 제국주의의 실체를 보았다. 독재자에 대항하는 혁명이라면 내 한 몸 바치는데 두려움이나 주저함이 있을 수 없다."

1956년 부상병을 치료하는 의사로 카스트로 부대와 합류한 게바라는 12월 쿠바에 잠입해 쿠바 혁명을 시작했습니다. 당시 쿠바는 미국의 지배 아래 있는 것이나 마찬가지였습니다. 쿠바 국민은 가난과 정부의 억압이라는 이중의 고통 속에서 힘겨운 날을 보내고 있었지요. 그런 상황에서 일어난 **쿠바 혁명**은 여러 나라에 큰 영향을 주었습니다. 2년여 동안의 투쟁 끝에 카스트로 군은 바티스타 정권을 붕괴시켰습니다. 혁명이 성공한 것입니다. 게바라는 통상부 장관과 중앙은행 총재를 맡아 쿠바의 경제 재건을 위해 일했지요. 그러나 이 과정에서 쿠바의 선임 공산주의자들과 의견 충돌을 일으켰고 갈등 끝에 1965년 1월 아프리카로 향했습니다. 그가 아르헨티나 사람임에도 불구하고 쿠바나 다른 나라의 혁명에 참여한 것은 라틴아메리카와 세계를 각가 독립된 다른 나라라고 보지 않고, 모두가 하나라고 생각했기 때문입니다.

"이곳은 전 세계에서 가장 뜨거운 격전지다. 나는 우리가 콩고에서 제국주의자들에게 일격을 가할 수 있다고 생각한다. 풍차를 향해 질주하는 돈키호테처럼 나는 녹슬지 않는 창을 가슴에 지닌 채 자유를 얻는 그날까지 앞으로만 달려갈 것이다."

한동안 아프리카에서 활동한 게바라는 1966년 3월 다시 남미의 볼리비아로 잠입했습니다. 〈트리 콘티넨털〉에 기고한 게바라의 글을 보면 왜 이 시기에 게바라가 아프리카로 그리고 다시 라틴 아메리카로 옮겨 다녔는지, 왜 혁명이 성공한 쿠바에서의 안정적 생활을 박차고 다시 아프리카와 라틴 아메리카의 오지에서 목숨을 걸고 혁명을 계속했는지를 잘 보여 줍니다.

"혁명가가 수행해야 할 임무가 위험하면 위험할수록 혁명의 힘은 무럭무럭 커 나갈 것이다. 한 나라의 해방 후에도 우리는 '라틴 아메리카 민족 해방'이라는 신성한 의무를 완수할 때까지 끝까지 투쟁해야 한다."

이 같은 열정에도 불구하고 게바라는 볼리비아에서 고립되었습니다. 볼리비아 인디오들은 혁명에 열성적이지 않았고 볼리비아 반군은 게바라의 지휘를 거부했거든요. 게바라는 미국 CIA와 볼리비아 정부군에 쫓겼고 마침내 그 해 10월 9일 상처를 입고 체포되었습니다. 처형되는 날 게바라는 전 CIA 요원과 대화를 나누면서 혁명을 성공할 날이 머지 않았다는 유언을 남겼습니다.

33년 후 볼리비아의 비야그란데 공동묘지에서 쿠바와 아르헨티나의 전문가들이 한 유골을 발굴했습니다. 사르트르가 '우리 시대의 가장 완전한 인간'으로 부른 게바라의 유골이었습니다. 그가 죽은 지 50여 년이 지났지만 지금도 우리는 쿠바를 비롯해 남미 전역에서 그리고 유럽과 일본 등 세계 곳곳에서 베레모를 쓰고 덥수룩하게 수염을 기른 젊은 게바라의 사진을 쉽게 찾아볼 수 있습니다. 그가 지금까지 이토록 많은 사람의 심금을 울리고 가슴을 뜨겁게 하는 것은 혁명이라는 꿈에 대한 게바라의 열정과 자신의 신념을 향해 온몸을 던진 용기 때문일 것입니다. 그의 가슴 깊은 곳에 숨겨져 있었던 꺼지지 않는 불꽃 같은 꿈 때문일 것입니다.

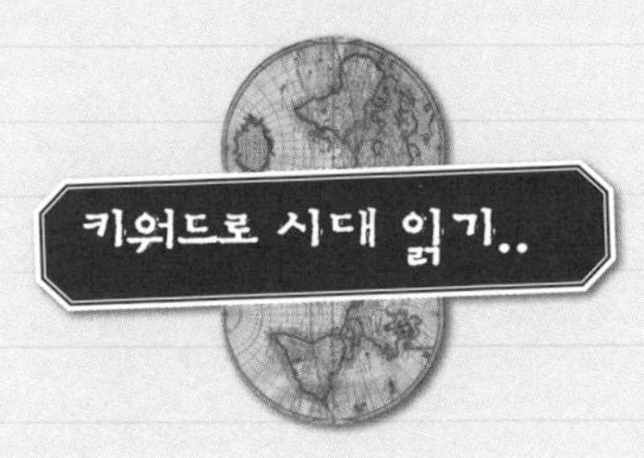

::: 피델 카스트로

쿠바의 정치가, 혁명가입니다. 쿠바의 올긴이라는 작은 도시에서 태어났습니다. 1945년 아바나 대학교 법학과에 입학했고, 졸업 후 변호사가 되었습니다. 대학 재학 시절부터 정치 활동을 했습니다. 1947년 도미니카공화국의 독재자 라파엘 트루히요 정권 타도에 참여했으며, 1953년 쿠바의 독재자 바티스타 정권을 전복시키기 위해 동지와 함께 몬카다 병영을 습격하였으나 실패하고 체포되어 15년형을 선고받았습니다. 1955년 5월 특사로 풀려나 아바나로 돌아오자마자 멕시코로 망명, 바티스타 정

:: 피델 카스트로

권 타도 계획을 세웠습니다. 1956년부터 게릴라전을 펼치기 시작하여 1959년 바티스타 정권을 무너뜨리고 사회주의 정권을 세워 총리가 되었습니다. 총리에 취임한 후 토지 개혁을 하고, 미국을 비롯한 외국의 자본을 몰수하는 등 사회 개혁을 단행했습니다. 같은 해 제1차 아바나 선언을 발표하여 라틴 아메리카 해방을 제창하였고, 1961년 1월 미국과 국교를 단절했습니다.

1976년 신헌법을 제정하는 등 사회주의 국가 체제 정비에 힘썼고, 12월 국가평의회 의장에 취임하여 당 · 정부 · 군의 최고 권력자가 되었습니다. 1980년대 후반 소련 등 동유럽의 민주화 바람에도 불구하고 공산주의 정책을 추진했습니다. 2008년에 국가평의회 의장직을 사임하고 권력을 친동생인 라울 카스트로에게 넘겼습니다.

탐관오리의 횡포로 고통스러운 시대
농민과 폐정 개혁 12조를 **협의**하다

김성규 1864~?

역사는 흐르는 물과 같습니다. 처음엔 계곡을 따라 격렬하게 쏟아져 내리
듯 격정적인 사건들이 있다가도, 만물을 적시며 가만히 멈춰 있는 듯 일상의
시간과 같은 고요한 시기가 옵니다. 그런가 하면 천 길 낭떠러지를 만나 거
대한 폭포가 되듯 사회 변혁의 에너지가 응축되었다가 터지는 혁명의 시기
가 나타나기도 합니다. 혁명처럼 격동적이고 큰 힘이 맞부딪치면서도 사회
의 큰 뿌리는 흔들리지 않는 그런 시기도 있지요. 바로 개혁의 시대입니다.
개혁의 열정은 혁명 못지않지만, 긴 시간을 두고 꾸준히 진행된다는 점은 일
상과 닮았습니다. 이렇게 어긋나는 두 가지 요소를 어떻게 잘 결합하느냐에
따라 개혁의 성공 여부가 판가름 나지요.

역사적으로 봉건 시대에서 근대 사회로 옮겨 가는 과정에는 혁명의 길과
개혁의 길 두 갈래가 있었습니다. 프랑스가 혁명의 길을 걸었다면 영국은 개
혁의 길을 걸었지요. 개혁하며 근대 사회로 이행하기 위해서는 체제 내 기득
권 세력 중 일부가 개혁의 주체로 나서야 하고, 새롭게 부상하는 신흥세력이
체제 내 개혁 세력과 손을 잡고 차근차근 타협하면서 사회를 근대화해야 합

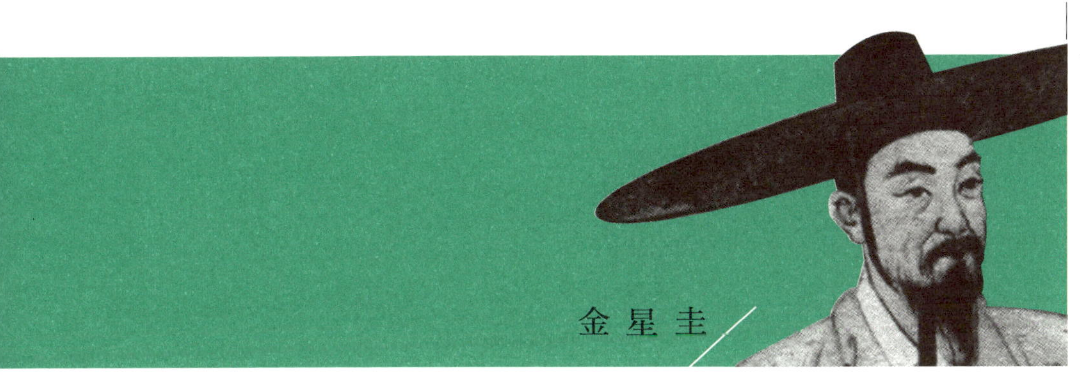

니다.

조선에서 대한민국으로 넘어오는 과정에서는 이 두 가지 길 중 어느 길도 제대로 걷지 못했습니다. 혁명의 길이었던 **동학 농민 운동**은 일본과 조선 봉건 왕조의 연합 세력에 의해 좌초됐고, 실학이나 갑신정변 등 개혁의 길 또한 수구 세력과의 투쟁에서 패배하고 말았던 것입니다. 그 결과 조선은 일본의 식민지로 전락했습니다.

수백 년 이어 온 조선 봉건 왕조가 수명을 다해 가던 19세기 말부터 20세기 초에 활동한 개혁가, 초정 김성규의 행적을 따라가면서 변화가 꼭 필요한 시대에 우리는 어떤 리더를 찾아야 하는지 고민해 봅시다.

김성규는 사대부 집안에서 태어났습니다. 청렴한 하급 관료였던 아버지 김병욱으로부터 어릴 때부터 〈논어〉, 〈맹자〉 등 경전과 사서를 배웠고 일찍부터 경세와 실용에 뜻을 두었습니다. 그의 나이 스물다섯 살 때인 1887년, 유럽 지역 공사의 서기관으로 2년여 동안 유럽에 나가 선진 문물을 보고 배었으며, 1891년에는 문과에 급제해 관료 생활을 시작했습니다. 그가 관료로 활동하던 시기는 한반도에 역사상 유례가 없을 만큼 다양한 사상과 운동 흐름이 교차했고, 갑신정변과 동학 농민 운동, 청일 전쟁과 대한 제국 선포, 광무개혁 단행 등 역사적 사건이 잇따르는 격동의 시대였습니다.

이 같은 격동기에 김성규는 청년 신진 관료가 택할 수 있는 유일한 길인 '체제 내 개혁'의 길을 선택했습니다. 혁명과 개혁과 보수와 수구가 각축한 이 시대에 개혁을 하려는 사람은 자칫하면 모두로부터 공격받을 수 있었습니다.

김성규는 고창군수와 장성군수를 지내는 동안 양전 사업을 통한 토지 개혁을 주장했고, 둔전을 개혁하여 세수를 확보하는 방안을 제안했습니다. 조선 후기에 이르러 삼정 문란이 심했을 뿐만 아니라 이를 바로 잡으려는 정부의 의지도 강하지 못해 방치되었던 토지제도의 혼란을 바로잡기 위해서는 양전 사업이 필수적이라는 것이 김성규의 생각이었지요.

김성규가 주창한 토지 개혁을 바탕으로 한 부국강병책은 사회 개혁을 목표하는 관리가 취할 수 있는 가장 혁신적인 방법이었지만, 이 주장은 당시의 기득권층인 안동 김씨 일가를 중심으로 한 세도 정치 세력과의 정면 대결을 의미하는 것이었습니다. 그러니 그의 개혁안이 채택되기는 어려웠지요.

동학 농민 운동이 전개되어 농민군이 정부와 **전주 화약**을 맺을 때였습니다. 김성규는 전라감영 총사로 관찰사와 더불어 농민 전쟁을 수습할 책임을 지게 되었습니다. 김성규는 농민군 요구의 상당 부분을 자신의 개혁안과 결합해 수용함으로써 전주 화약을 성립시키고 집강소 시대를 열었습니다. 물론 김성규는 농민군의 입장을 일방적으로 따르지는 않았습니다. 토지 개혁을 통한 부국강병이라는 원칙에서 농민군과 의견을 함께 한 부분도 있지만, 농민 전쟁이나 민란과 같은 형태의 혁명적 방식에는 반대했습니다. 개혁의 주체 또한 농민이 아니라 양반 사대부여야 했으며 농촌 자치 사회의 주도 세력인 향촌이어야 했습니다. 김성규의 개혁론은 농민군의 혁명적 방식과 대립했지요. 그는 농민군이 재궐기하자 농민군 지도자 중 한 사람인 김개남을 찾아가 잘못을 지적하고 말렸습니다. 김개남이 거부하고 그를 감금하자 탈출하여 위무사 궁사관이 되어 김개남 토벌에 나서 결국 그를 체포해 처형했습니다.

그렇다고 김성규가 무조건 기득권층의 입장을 대변한 것은 아니었습니다. 그는 누구보다도 당시의 농촌 현실을 비판적으로 보고 일대 개혁이 필요하다는 생각은 했지만, 외국이 끊임없이 조선의 국권을 위협하는 상황에서는 혁명보다는 기존 체제의 부족한 부분을 보완하는 방법을 선택할 수밖에 없었습니다. 그래서 혁명으로 대변되기도 하는 동학 농민 운동에 대해서는 끝내 반대하였고, 농민군을 진압하기 위해 선봉에 서는 등 체제 내 개혁파로서 소신을 지킨 것뿐입니다.

김성규가 1903년 무안의 관리를 맡았을 때의 일입니다. 당시 정부 관리들은 일본의 눈치 보기에 급급했지만 김성규는 조선 정부의 관리로서 일제에 맞서 조선인의 입장을 적극 옹호했지요. 같은 해 일본 상인의 횡포에 맞서 조선인 부두 노동자들이 일으킨 노동쟁의 때는, 일본 낭인들이 감리서에 난입해 갖은 행패를 부렸으나, 일본의 압력에 굴하지 않고 끝까지 조선 노동자의 편에 서서 일을 처리했습니다.

1904년 나라에서 지방의 부정부패 일소를 위해 청렴결백한 관리를 뽑아 지방관으로 내보낼 때 김성규도 선발되어 강원도 순찰사로 부임했습니다. 그는 소신껏 지방의 탐관오리를 숙청했지만 조정의 강력한 권세를 가진 신하들의 모함을 받아 1년 만에 파직되었지요. 관직에서 물러난 김성규는 무안으로 내려가 목포, 장성 등에 학교를 세워 후진을 양성하는데 매진했습니다.

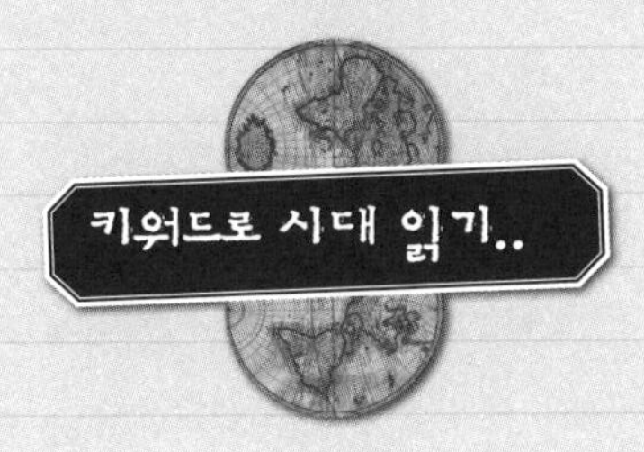

::: 동학 농민 운동

조선 고종 31년(1894)에 동학교도 전봉준이 중심이 되어 일으킨 반봉건 · 반외세 운동입니다. 1860년 최제우가 평등사상을 바탕으로 서학에 맞서 동학을 창시했습니다. 조정은 서학을 반대하는 동학을 처음에는 지지해 주었으나, 세력이 점점 불어나자 사교로 규정하고 탄압했습니다. 탄압에 불만이 쌓였던 동학교도는 1894년 전봉준을 중심으로 모여 부패한 관리 조병갑의 횡포에 맞서 고부 관아를 습격했습니다(고부민란). 관아를 점령한 전봉준은 조병갑의 횡포를 시정할 것과 외국 상인의 침투를 금지하라는 등의 요구 사항을 제시하고, 정부로부터 폐정을 시정(폐정 개혁 12조)하겠다는 약속을 받고 10여 일 만에 해산했습니다. 그러나 고부민란을 조사하러 온 안핵사 이용태가 오히려 민란 관련자를 역적으로 몰아 탄압하여 동학 농민 운동의 봉기의 원인이 되었습니다. 비록 동학 농민 운동은 실패했지만, 갑오개혁과 청일 전쟁의 시발점이 되었으며, 3 · 1운동에도 영향을 미쳤습니다.

::: 전주 화약

1894년 동학 농민 전쟁 당시 농민군이 전주를 점령하고 정부와 맺은 조약입니다. 전라도 지방의 개혁 사무를 담당할 자치 기구인 집강소의 설치와 농민군이 제시한 폐정 개혁안 실시가 합의되었지만, 일제의 침입으로 농민군이 다시 일어나면서 이 합의는 파기되었습니다.

살바도르 아옌데 1908~1973

　중남미는 대한민국과 지리적으로 너무 멀리 떨어져 있어서 비현실적으로 보이지만 살펴보면 우리의 현실과 닮은 점이 많습니다. 군부가 쿠데타를 통해 권력을 얻는 과정도 닮았고, 그 권력이 붕괴하는 과정도 닮았습니다. 그러나 절체절명의 순간에 지도자가 취한 태도는 달랐습니다. 역사와 더불어 승부를 겨루고 국민에게 책임지는 행동을 한 위대한 영웅이 있는가 하면 자기 목숨을 보전하기 위해 전전긍긍한 초라한 사람도 있었지요.

　국민의 투표를 통해 선출된 공직자는 어디까지 책임을 져야 할까요? 뉴스를 통해 잘못된 일에 대해 책임지고 자리를 물러나는 공직자는 더러 봤어도, 책임지고 목숨을 던지는 공직자는 본 적이 없습니다. 자신이 처한 상황이 여의치 못해 자살한 공직자는 아주 드물게 있지만 총을 잡고 싸우다 전사한 선출직 공직자는 살바도르 아옌데가 처음일 것입니다. 이런 비극적 대통령이 또 나와서는 안 되겠지만 국민에 대한 책임을 다하기 위해 목숨을 던진 그의 마지막은 국민의 선택을 받아 선출된 '공직자의 책임'이 어떠해야 하는지를 보여 주는 가장 생생한 사례라고 할 수 있습니다.

Salvador Allende

1973년 9월 11일 아침, 칠레 대통령 아옌데는 자신이 육군 참모 총장으로 임명한 피노체트가 쿠데타군의 수괴가 되어 전투기와 탱크를 앞세우고 공격해 올 때, 두 딸과 여직원 그리고 대통령 경호대를 내보낸 뒤, 방송을 통해 국민에게 마지막 연설을 했습니다.

이번이 여러분에게 말하는 마지막이 될 것입니다. 곧 마가야네스 라디오도 침묵하게 될 것입니다. 그리고 여러분에게 용기를 주고자 했던 나의 목소리도 닿지 않게 될 것입니다. 내가 이제 박해받게 될 모든 사람을 향해 말하는 이유는 여러분에게 내가 물러서지 않을 것임을 이야기하기 위해서입니다. 나는 여러분의 충실한 마음에 내 생명으로 보답할 것입니다. 나는 우리나라의 운명에 믿음을 가지고 있습니다. 또 다른 사람들이 승리를 거둘 것이고 더 나은 사회가 건설될 것입니다.

칠레 만세!

이것이 나의 마지막 말입니다. 머지않아 자유를 사랑하는 사람들이 더 아옌데는 마지막 방송을 끝낸 직후 전투기의 폭격과 탱크를 앞세우며 대통령 궁으로 밀고 들어오는 쿠데타군에 맞서다가 머리에 총을 맞고 죽었습니다. 아옌데 대통령은 국민에게 행한 마지막 연설대로, 자신을 지지한 국민의 성원에 생명으로 보답했습니다.

살바도르 아옌데는 1908년 발파라이소의 정치가 집안에서 태어났습니다. 그는 의과 대학에 다니면서 사회주의 사상에 눈을 뜨고 사회주의 운동에 가담했으며, 학교를 졸업한 후 곧바로 정치에 뛰어들었습니다. 정치가가 된 후에도 전공을 살려 사회 복지, 여성의 권리, 공중 보건 등의 사회적 이슈에 관심을 기울였습니다. 후생장관이 되었을 때는 이 문제들을 직접 해결하기 위해 노력했지요.

아옌데는 네 차례에 걸쳐 상원의원에 당선됐고, 세 번 연속 대통령 후보로 출마했습니다. 그가 대통령에 당선된 1970년 선거 때는 오랜 친구이자 경쟁적 협력자였던 공산당 대통령 후보 파블로 네루다와 후보 단일화를 이루기도 했습니다. 이 같은 오랜 사회 활동과 정치 활동을 통해 아옌데는 의회주의자로서 지도력을 배양했고 정치 지도자로서 갖춰야 할 책임감을 배웠습니다.

아옌데는 자신이 추진하는 개혁을 좌초시키려고 미국과 기득권 세력이 꾸민 계략과 공작에 당당히 맞섰을 뿐만 아니라, 이들의 음모를 원천 봉쇄하기 위해 자신의 재신임을 묻는 국민 투표를 제안했습니다. 이 재신임 국민 투표에서 이긴다면 아옌데는 더욱 강력하게 개혁을 밀어붙일 수 있었습니다. 그 국민 투표 날이 바로 1973년 9월 11일이었습니다. 미국의 지원을 등에 업은 피노체트 군은 자신들이 투표에서 이길 수 없으리라는 것을 예감하고는 투표 결과를 기다리는 대신, 쿠데타를 감행했습니다.

피노체트가 일으킨 쿠데타 이후 칠레에는 칠흑 같은 암흑기가 찾아왔습니다. 독재자 피노체트는 권력을 잡은 직후 잔인한 숙청을 시작했습니다. 일주일 간 아옌데 정부에 협력했다는 이유로 3만여 명을 체포해 재판 없이 총살했고, 그 후 15년 동안 철권통치를 이어갔습니다. 이 기간 중 3천여 명이 의문사 당했고, 천여 명이 실종됐습니다. 10만여 명이 고문을 받아 장애를 가지

:: 아옌데(왼쪽)와 파블로 네루다(오른쪽)

게 됐고, 100만여 명이 국외로 탈출했지요. 정치적인 이유로 국민의 수가 10퍼센트나 줄어든 나라는 칠레가 유일하니, 그 잔혹함을 미루어 짐작할 만합니다.

칠레 쿠데타는 본질적으로 아옌데 정부와 칠레 국민이 지난 3년간 추진해 온 개혁을 계속해 나갈 것인가, 아니면 미국과 기득권층의 요구에 굴복해 개혁을 원점으로 되돌릴 것인가를 폭력적으로 질문한 것이었습니다. 아옌데의 선택과 행동이 역사와 국민에게 책임지고자 하는 정치 지도자의 마지막 선택으로 이해되어야 하는 것도 이 때문입니다.

그는 죽기 1년 전, 자신을 옥죄어 오는 미국의 압력과 기득권 세력의 공

:: 2006년 칠레 산티아고에 내걸린 "메리 크리스마스, 피노체트만 빼고"라는 내용의 플래카드. 피노체트의 군부 독재 시절 칠레 민중이 겪었던 고통을 짐작하게 한다. ⓒ chilita 007

격 속에서 비극적 운명을 예감하듯 스웨덴의 벵헷 놀링 교통 통상 장관에게 다음과 같이 말했습니다.

> (내가) 칠레 민주주의에 대항하는 적들에 의해 내던져지더라도, 그 적들이 미국이나 다른 누구라 할지라도 그들은 이 나라의 발전을 한시적으로 막을 수 있을 뿐이다. 당신은 대통령을 죽일 수는 있다. 그러나 그는 오직 한 사람의 개인일 뿐이다. 당신이 자유로운 칠레를 죽이려면 칠레의 모든 젊은이를 죽여야만 할 것이다.

아옌데의 예언대로 미국과 피노체트는 아옌데를 죽일 수는 있었지만, 칠레의 모든 젊은이를 죽이지는 못했습니다. 피노체트의 철권통치는 15년 만에 끝났고 칠레에는 다시 민주주의가 찾아왔지요. 사회 진보를 위한 개혁 또한 후임 대통령에 의해 착실히 진행되고 있습니다.

::: 칠레 쿠데타

아우구스토 피노체트는 칠레 발파라이소에서
태어났습니다. 1973년 미국 CIA의 지원을 받아
육·해·공군과 경찰군 총사령관으로 쿠데타를
일으켜 아옌데 정권을 전복하고 군사평의회 의장
에 취임했고 1974년 대통령이 되었습니다.

피노체트는 집권 초기에는 사회주의 정권 이후
의 혼란을 안정시키는 한편, 시장 경제 개혁을 하
여 경제 부흥을 달성해 국민의 지지도 얻었습니
다.

:: 아우구스토 피노체트

그러나 정국 안정 후 물러나겠다던 공약과는 달리, 권력 기반을 확보한 후
의회를 해산하고 좌파에 대한 대대적인 탄압을 전개하며 독재 체제를 구축
했습니다.

피노체트는 집권 기간 중 경제 건설과 공산주의로부터의 보호라는 핑계로
반대파에 대한 대대적인 숙청에 나섰는데, 그 결과 적어도 3,197명이 살해되
고, 2,000여 명이 실종됐으며 수십만 명이 체포·고문당하거나 외국으로 망
명했습니다.

피노체트는 1988년 집권 연장 찬반 투표에서 패배한 후 영국으로 도망가
마거릿 대처 영국 총리 등 보수파 정객의 비호 하에 편안한 여생을 보내다가

1998년 10월, 영국 사법 당국에 체포되었습니다. 그가 재임하던 시절, 피노체트 군사 독재 정권을 비판한 스페인 사람을 80차례나 납치했는데, 그에 대해 스페인 정부가 반인륜적 범죄 혐의로 국제 수배령을 내렸기 때문입니다. 그러다가 2000년 3월 건강상의 이유로 석방이 되어 칠레로 귀국했습니다.

칠레 사법부는 독재자를 반드시 처벌한다는 신념에 따라 그를 가택 연금했으며, 약 300여 건의 국가 범죄로 기소했지만, 2006년 갑작스런 심장 마비로 사망하는 바람에 사법적인 처벌은 행해지지 못했습니다.

:: 칠레 산티아고 공동묘지에 있는 기념비. 1973년부터 1990 사이 칠레 군사 독재 정권에 의해 살해당한 좌파 정치가의 이름이 적혀 있다.

체 게바라 평전
장 코르미에 지음, 김미선 옮김, 실천문학사, 2005

체 게바라에 대한 많은 책을 썼고, 체 게바라에 관해서는 타의 추종을 불허하는 전기 작가 장 코르미에가 쓴 체 게바라 평전. 게바라에 관한 자료를 집대성한 이 책은 프랑스에서 출간되자마자 오랫동안 베스트셀러의 자리를 지켰고, 세계 여러 나라의 언어로 번역되어 큰 반향을 일으켰습니다.

이 책에서 그는 체 게바라에 대해 남겨진 모든 자료를 일괄해서 엮어 놓았습니다. 그의 아버지를 비롯해 게바라가 생전 관계했던 모든 사람과의 인터뷰를 통해 생생한 그의 모습을 전합니다. 또한 그가 남겨 놓은 편지 글이나 잡문 등의 거의 대부분이 실려 있습니다. 670페이지가 넘는 분량에 체의 생애와 사상을 집대성해 놓은 이 책은 그의 인간적, 투사적인 면모를 이해하는데 도움이 됩니다.

체 게바라의 모터사이클 다이어리
체 게바라 지음, 홍민표 옮김, 황매, 2012

23살의 체 게바라가 남미대륙을 여행하며 적은 기록입니다. 젊은 의대생 에르네스토 게바라는 호기심 많고 열정이 넘치는 청년이었습니다. 여행과 모험을 즐기고 모터사이클 광이었던 그는 1951년 23살이던 해에 친구 알베르토 그라나도와 함께 아르헨티나를 떠나 칠레, 페루, 콜롬비아, 베네수엘라를 거쳐 다시 아르헨티나로 돌아오는 9개월간의 긴 여행을 떠났습니다.

이 책은 세상의 진실을 알고 싶다는 목적 하나만으로 고물 오토바이를 타고 바람처럼 자유롭게 떠난 여행 동안 게바라가 쓴 일기와 메모를 엮은 것입니다. 그는 이 여행기에서 친근하고 쾌활한 이미지, 진지하면서도 풍자적인 이미지의 젊은 체 게바라의 모습뿐 아니라, 후에 그가 그리게 될 혁명 투사의 출발 지점이 되는 모습도 보여 줍니다. 영화 〈모터사이클 다이어리〉의 원작입니다.

한국생활사박물관11 (김성규)
한국생활사박물관 편찬위원회 지음, 사계절, 2004

'한국생활사박물관' 시리즈의 열한 번째 권으로 19세기 말에서 20세기 초 조선의 이야기를 다루었습니다. 전근대 왕조 국가인 조선이 서양의 열강과 근대적 조약을 맺고 개항한 이 시기를 통해 '우리에게 근대가 어떻게 왔으며, 전근대의 전통은 어떻게 사라지거나 변형 되었는지'를 밝힙니다.

마지막 선비 세대인 김병욱, 개화기 관료 세대인 아들 김성규, 근대 지식인 세대인 손자 김우진 등 삼대에 걸친 가족의 역사를 중심으로 근대로 넘어가는 과도기 속 조선 사람의 삶을 그려내고 있습니다. 다양한 관점에서 찍은 사진과 당시의 생활상을 나타내는 그림이 실려 있습니다.

기억하라 우리가 이곳에 있음을
살바도르 아옌데 · 파블로 네루다 외 지음, 정인환 옮김, 서해문집, 2011

살바도르 아옌데, 파블로 네루다, 피델 카스트로 등이 전하는 9 · 11 칠레 쿠데타의 진실과 위대한 도전 이야기입니다. 아옌데 정권과 피노체트의 쿠데타를 경험한 다양한 사람들의 말과 글을 통해 약 30년이란 시간차를 둔 두고 미국에서 일어난 9 · 11 테러와의 연관성도 밝힙니다.

1973년 9월 11일 쿠데타 당시 라디오를 통해 아옌데 대통령의 마지막 연설이 전해집니다. 노벨 문학상 수상자 파블로 네루다는 직설적인 시를 통해 미국의 닉슨 대통령을 비난했고, 유명한 민중가요 가수였던 빅토르 하라가 죽음의 현장에서 마지막으로 쓴 노랫말은 그가 느꼈던 공포와 쿠데타가 주는 절망감이 얼마나 컸는지 실감하게 합니다.

라 모네다 대통령궁에서 아버지 아옌데와 함께 있다 마지막 순간에 빠져나온 베아트리스 아옌데의 연설은 비극적 현장에서 빛난 위대한 혁명가의 마지막 순간을 보여 주며, 피델 카스트로의 연설문은 미국과 군부가 구체적으로 어떻게 아옌데 정권을 흔들고 쿠데타까지 일으켰는지 알 수 있게 도와줍니다.

04

사회 의지를 하나로 모아 내다

사람이 처한 입장은 저마다 달라서 끊임없이 소통하고 협의해야 합니다.

전쟁이 났을 때는 나라가 외부 침입자의 손에 넘어가지 않도록 백성의 의지를 모아야 하고,

겉보기엔 평화로워 보여도 구성원이 마음에 상처를 입어 보이지 않는 갈등에 시달릴 때는

서로 바라는 것을 듣고, 최선의 해결책을 이끌어야 합니다.

현대에도 끊임없이 요구되는 소통과 협의는 역사 속에서 어떤 모습으로 구현되었을까요?

키워드

임진왜란 • <u>민심</u> • 이순신

아파르트헤이트 • <u>화합</u> • 만델라

한글 창제 • <u>소통</u> • 세종대왕

전쟁으로 불안한 시대, **민심**을 하나로 모으다

이순신 1545~1598

역사상 가장 위대한 장군을 꼽는다면 누구를 꼽을 수 있을까요? 시저, 알렉산더, 나폴레옹, 맥아더……. 일세를 풍미한 명장은 많이 있지만, 그중 으뜸은 단연 이순신이라고 생각합니다. 인과 의에 바탕을 둔 이순신의 리더십은 전쟁을 지휘하는 중에도 유감없이 발휘됐지요. 백성을 사랑하고 백성으로부터 존경받는 이순신의 인간적 면모는 이길 수 없을 것 같은 전투에서조차 승리를 이끌어 냈습니다. 국민의 의지가 제각각 갈라져 있는 상태로 전쟁에서 승리하고 국난을 극복한 경우를, 나는 아직 보지 못했습니다. 조선이 임진왜란 초반, 패배를 거듭한 것은 조정이 하나로 뭉치지 못하고, 조정과 국민이 하나가 되지 못했기 때문이었습니다. 이순신은 이 갈등을 넘어섰고 승리를 통해 백성의 의지를 하나로 모아 냈습니다. 이순신이 있어 임진왜란은 초반의 일방적 수세 국면에서 조선과 일본의 일진일퇴 국면으로 바뀌었고, 마침내 일본을 퇴각시킬 수 있었습니다.

최고 사령관이 아닌 한 사람의 장군이 이렇듯 전쟁의 전체 국면을 완전히 바꾼 경우는 그렇게 많지 않습니다. 세계 전쟁사에 기록된 이순신의 혁혁

한 전과를 통해 포기하지 않는다는 것이 **백성의 힘을 하나로** 모으는 데 얼마나 큰 힘인지 확인해 봅시다.

이순신이 발포만호로 있을 때였습니다. 눈이 내리는 추운 겨울날 이순신의 부인이 어린 자식을 데리고 면회를 왔습니다. 예나 지금이나 군사가 근무 중에는 면회가 금지되어 있는데 보통 높은 사람들은 이 규율을 항상 지키지는 않습니다. 그러나 이순신은 근무 시간이 끝날 때까지 아내와 자식을 밖에 세워 놓고 면회를 가지 않았습니다. 근무가 다 끝난 후 면회를 간 이순신은 아내에게 말했습니다.

"당신이 규율을 어기면 다른 병사의 가족 또한 규율을 어길 것이 아니요? 윗사람이 먼저 모범을 보여야 군의 기강이 서는 법이오. 앞으로는 근무 시간에 절대 면회를 오지 마시오."

이순신은 20대에 무예를 배우기 시작해 스물여덟 살에 무과에 응시하였으나 시험 중 타고 있던 말이 넘어져 낙방했습니다. 4년 뒤 다시 응시해 서른

두 살이 되어서야 비로소 벼슬길에 올랐습니다. 마흔세 살 되던 해 조산 만호로 있던 이순신은 적이 침략해 올 것을 예감하고 수비를 강화하기 위해 병력을 요청했지만, 절도사 이일은 그 요청을 거절했지요. 불안한 예감은 맞아떨어져 그해 가을 여진족이 침입했고, 이순신은 적은 병력으로 맞서 싸웠으나 녹둔도 병영이 모두 무너지고 말았습니다. 이 사건으로 이순신은 직위 해제되었고 일반 병사로 백의종군했지요. 절도사 이일의 잘못을 대신 뒤집어썼던 것입니다.

2년 후 비변사가 순서를 따지지 않고 무신을 채용하자 이산해와 정언신의 추천, 유성룡의 천거로 정읍 현감에 제수되었습니다. 1591년 진도군수로 승진되고 부임도 하기 전에 가리포 수군 첨절제사를 겸임했으며, 다시 전라 좌수사에 임명되었습니다. 이순신은 부임하자마자 전쟁에 대비해 각 진의 실태를 파악하고 군대를 재정비하고 군량미를 확보했으며 거북선을 만들었습니다. 당시는 삼정이 문란하고 탐관오리의 횡포로 백성이 어려울 때였습니다. 이런 때에 군대를 재정비하고 군량미를 확보할 뿐만 아니라 새로운 전투선인 거북선까지 만들려면 지역 백성의 협조가 필수적이었습니다. 백성의 마음을 사지 않으면 어떤 일도 할 수 없었습니다. 이순신은 이런 어려운 상황을 솔선수범하는 리더십을 통해 돌파했습니다.

1592년 음력 4월 13일 왜군 15만 명이 700척 함대로 부산포를 침략해왔습니다. 이순신에게 **임진왜란** 발발소식이 전해진 것은 그로부터 사흘 후인 16일이었습니다.

음력 5월 7일 첫 번째 해전이 있었습니다. 이순신은 옥포항에서 일본 군선 26척을 격침했고, 다음 날 13척을 격침했습니다. 5월 29일에는 사천 선창을 공격해 적선 30여 척을 격파했는데 이 전투에서 이순신은 어깨에 관통상을 입었습니다. 이 전투에 처음으로 거북선이 출동해 위용을 뽐냈습니다.

음력 7월 8일 한산도 앞바다에서 벌어진 한산도 대첩은 육지에서 쓰는 학익진(학이 날개를 편 듯이 치는 진)을 최초로 해전에 응용한 전투로 유명합니다. 이순신은 적을 큰 바다로 유인한 후 학익진을 펴고 함포 공격으로 적을 괴멸시켰지요. 이 전투에서 일본군의 큰 배 35척, 중간 배 17척, 작은 배 7척을 격침했습니다.

7월 말 최초로 육지 전투에서 승리 소식이 들려왔습니다. 홍의 장군 곽재우 의병 군의 승리 소식이었지요. 8월 말에는 부산으로 출정해 적의 배 400여 척 중 100여 척을 격침했습니다. 옥포, 사천, 한산도, 부산 해전에서 연속으로 승리함으로써 이순신은 서해 쪽으로 보급로를 확보하려는 일본군의 계획을 좌절시킬 수 있었습니다.

연승의 공로를 인정받아 이순신은 삼도 수군통제사가 되었으나 경력이 높은 원균과 불편한 관계가 되자 조정 내에서는 이순신을 불신하는 사람이 늘었습니다. 조정에서 내린 적극적 공격 지침을 군사적으로 현명하지 못하다는 이유로 이순신이 무시하자, 조정은 이순신을 통제사직에서 해임하고 그 직책을 원균에게 넘겼습니다. 이순신은 한성으로 압송되어 투옥되었다가 결백이 입증되어, 두 번째로 백의종군을 하라는 명령을 받았습니다.

한편 삼도 수군통제사에 오른 원균은 조선 함대를 모두 이끌고 칠천량에서 왜군과 맞붙었으나 대패했습니다. 조선 수군은 전멸했고 원균 자신도 전사했지요. 비상사태에 처하자, 조정은 이항복의 건의를 받아들여 이순신을 다시 삼도 수군통제사에 임명했습니다. 그래 놓고는 동시에 적은 병력으로 왜군을 대항할 수 없으니 수군을 폐하라는 명령을 내리지요. 그러나 이순신은 장계를 올려 해전의 승리를 다짐했습니다.

"삼가 아뢰오니 아직 12척의 배가 남아 있고 순신은 죽지 않았습니다."

왜군에게 바닷길을 저항 없이 내주면, 왜군은 그만큼 힘들이지 않고 조선 땅을 밟게 될 것이고 그들이 육지 길을 통해 한양으로 향하면서 지나는 마을의 백성을 그대로 두겠습니까? 처음 한 번만 물러선다고 생각했다가 기세를 잃고 퇴각하기 시작하면 나라를 잃게 될 수도 있는 상황이었습니다. 이순신은 이렇게 조정 대신들의 안일한 생각을 끊고, 터무니없이 불리한 대결에서도 또다시 승리를 이끌어냈습니다.

9월 16일 이순신은 남아 있던 배 12척과 새로 건조한 1척, 모두 13척의 배로 333척의 왜군 함대에 맞섰습니다. 그는 밀물과 썰물 때 급류로 변하는 울돌목의 지형을 이용하기로 합니다. 왜군을 이쪽으로 유인하여 기습 작전을 감행한 것이지요. 이순신은 명량해전에서 31척의 적선을 격침하고 92척을 대파해 해전 사상 가장 기적 같은 승리를 거두었습니다. 원균의 죽음과 조선 해군의 참패로 서해 수로와 전라도 지역의 식량을 확보할 것을 기대했던 왜군은 이순신의 재등장에 전의를 잃고 마침내 총퇴각을 결정했습니다.

1598년 11월 19일 이순신은 퇴각하는 왜군 본대를 공격했습니다. 침략해 온 적은 한 놈도 살려 보내지 않겠다는 것이 이순신의 결심이었지요. 치열한 전투 끝에 왜군은 임진왜란 사상 마지막 참패를 기록하며 퇴각했습니다. 그러나 이 마지막 전투에서 이순신은 일본군의 총탄을 왼쪽 가슴에 맞고 쓰러졌습니다.

"싸움이 한창 급하니 나의 죽음을 아무에게도 알리지 마라."

이것이 이순신이 남긴 마지막 말이었습니다. 이때 이순신의 나이 쉰네 살이었습니다.

이순신이 죽은 뒤 내려진 평가를 살펴보면, 그의 위대함은 시간이 갈수록 두드러졌다는 것을 알 수 있습니다.

"사람들이 모두 말하기를 죽은 순신이 산 왜놈들을 격파하였다."

<선조실록 사관>

"이순신은 백 번 싸운 장군으로서 한 손으로 친히 무너지는 하늘을 붙든 사람이었다. 그리고 이순신은 재질을 가지고도 운수가 없어 백 가지 재능을 한 가지도 풀어 보지 못한 사람이었다."

<서애 유성룡>

"무후(제갈량)가 죽은 것은 병 때문이었는데, 공(이순신)이 죽은 것은 전사였다. 그러나 무후가 죽은 뒤엔 한나라의 종실이 위태롭게 되었지만, 공의 경우엔 비록 죽었지만 남은 공렬의 은덕을 입어, 오늘날에 이르기까지 사직이 거기에 힘입고 있으니, 공은 여한이 없을 것이다."

<연천 홍석주>

"이순신은 청렴한 인물로, 그 통솔력과 전술 능력으로 보나 충성심과 용기로 보나 이러한 인물이 실재했다는 자체가 기적이라고 할 수밖에 없는 이상적 군인이었다. 영국의 넬슨 이전에 이름난 장수이기도 하거니와 세계 역사상 이순신만 한 사람이 없으며, 이 인물의 존재는 조선에 있어서까지도 잊히지 않겠지만, 도리어 일본 사람의 편에서 그에게 존경심이 계승되어, 메이지 유신 기간에 해군이 창설되기까지 하였으니, 그 업적과 전술이 연구돼야 한다."

〈역사 작가, 시바 료타로〉

"넬슨, 브레이크, 또는 진바트라 할지라도 일개의 작은 나라로 이 지도자보다 더 이상의 업적을 수행할 수는 없을 것이다. 이순신의 명성이 그의 조국 이외에는 알려지지 않은 것이 유감이다."

〈영국 해군 준장, 조지 알렉산더 발라드〉

"도고가 혁혁한 전공을 세운 것은 사실이지만, 이순신 장군과 비교하면 그 발가락 한 개에도 못 따라간다. 이순신에게 넬슨과 같은 거국적인 지원과 그만큼의 풍부한 무기와 함선을 주었다면, 우리 일본은 하루아침에 점령당하고 말았을 것이다. 대단히 실례인 줄 알지만, 한국인은 이순신 장군을 성웅이라고 떠받들기만 할 뿐 그분이 진정으로 얼마나 위대한 분인가 하는 것은 우리 일본인보다도 모르고 있는 것 같다."

〈일본 해군 전략 연구가, 가와다 고오〉

　　"내가 제일 두려워하는 사람은 이순신이며, 가장 미운 사람도 이순신이며, 가장 좋아하는 사람도 이순신이며, 가장 흠모하고 숭상하는 사람도 이순신이며, 가장 죽이고 싶은 사람 역시 이순신이며, 가장 차를 함께하고 싶은 이도 바로 이순신이다."

〈임진왜란 참전 왜군 장수, 와키사카 야스하루〉

이순신은 첫 해전인 옥포 해전부터 마지막 해전인 노량 해전에 이르기까지 7년간 23번의 해전을 치러, 한 번도 진 적 없는 불패의 명장이었습니다. 이는 동서고금 어디에서도 찾을 수 없는 불멸의 기록이지요.

이순신은 이를 위해 철저히 준비했고 뛰어난 전략을 구사했습니다. 지형지물의 이점을 최대한 이용했을 뿐만 아니라 자신의 백의종군과 원균의 전사까지 모든 상황을 적의 방심을 유도하기 위한 심리적 장치로 사용할 만큼 용의주도했습니다. 이순신은 일단 전투가 시작되면 몸을 사리지 않았고, 모든 전투에서 선봉에 섰으며, 가장 먼저 적진으로 뛰어들었습니다.

기록을 중시한 이순신의 태도 또한 그의 탁월한 전략가의 면모를 잘 보여 줍니다. 이순신은 1592년부터 1598년까지 7년간 진중에서 일기를 기록하였는데 이 기록이야말로 이순신이 자신을 돌아보고 자신이 구사한 전략을 되짚어 보는 복기와 복습의 수단이 되었습니다. 일곱 권으로 구성된 〈난중일기〉는 그 자체로 이순신의 혼이 서린 기록이요, 이순신이 단순한 무장이 아니라 백성을 사랑하고 인의에 충실한 참된 지도자였음을 증명하는 기록입니다.

"만일 왜선을 모두 불태워 왜적을 도망할 곳 없는 막다른 골목의 도적이 되게 한다면 숨이 있는 우리 백성이 살육당할지도 모르므로 잠시 1리쯤 물러 나와 밤을 지냈다."

<견내량파왜병장>, 7월 17일

"전령선을 우수영으로 띄워 보내서 피난민에게 어서 뭍으로 올라가도록 타이르라고 하였다."

<난중일기> 1597년 9월 13일

이 같은 인의의 마음이 바탕에 있었기에 백성과 군사들이 이순신과 함께라면 죽음의 길도 마다치 않았던 것입니다.

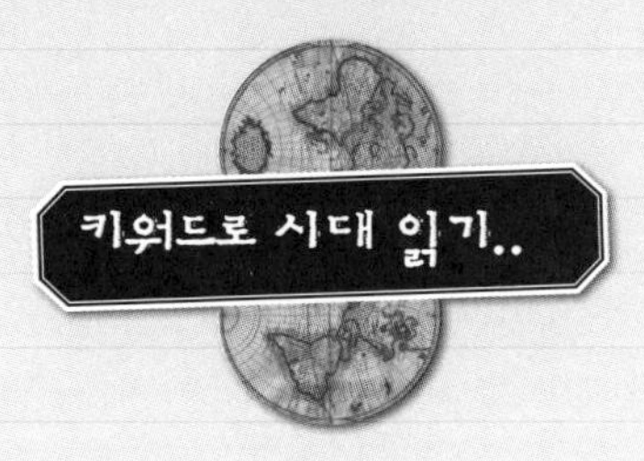

::: 임진왜란, 그때 조정에서는

임진왜란은 1592년부터 1598년까지 두 차례에 걸쳐 왜군이 조선을 침략하여 일어난 전쟁입니다.

조선 조정에서는 남해안 지방에 왜구가 자주 침략하자 비변사를 설치하여 이에 대비하였으나, 신하들이 당파를 중심으로 분열하면서 왜에 대한 대책도 두 갈래로 갈라졌습니다. 일본을 통일한 도요토미 히데요시가 대륙을 정복할 계획이 있다는 소식을 듣고, 선조는 사신을 보내 일본의 사정을 알아보았습니다. 황윤길(서인)은 왜가 반드시 침략할 것이라고 한 데 반해, 부사 김성일(동인)은 왜가 침범할 동정이 없다고 정반대의 내용을 보고함으로써 당파끼리 엇갈리고, 조정의 의견도 통일되지 못했지요. 동인 세력은 서인이 전쟁을 빌미로 정치적 위기를 넘기려한다고 의심했기 때문입니다.

조선 조정은 뒤늦게 일본이 쳐들어올 것이라는 소식을 듣고 각 성에 대비를 하라고 일렀으나 때는 이미 늦어 버렸지요. 육지의 성이 대부분 함락되어 육지 길이 뚫린 가운데 서해를 통해 군의 보급품을 조달하려던 왜군은 이순신 장군을 만나 7년간 23번을 패하는 바람에 결국 임진왜란에서 총퇴각을 했습니다.

무자비한 폭력으로 얼룩진 시대, 용서를 통해 **화합**을 이끌다

넬슨 만델라 1918~2013

용기란 무엇일까요? 새로운 것에 도전하는 것, 무서운 것에 맞서 승부를 겨루는 것, 모든 사람이 안 된다고 하는 것에 부딪히는 것? 이 모든 것에 용기가 필요하지만 내가 말하려는 용기에 대한 답은 아닙니다.

나는 용서할 수 있는 사람이야말로 가장 용기 있는 사람이라고 생각합니다. 용서는 가해자와 피해자가 있을 때 할 수 있습니다. 용서는 잘못을 그대로 되갚아 주는 것이 아니라 한 차원 뛰어넘는 것이지요. 여러분도 다른 사람을 용서한 적이 있을 겁니다. 하지만 그 잘못이 인생을 뒤흔들 만큼 심각한 것이었다면, 용서할 수 있는 사람이 많지는 않을 것입니다. 화합을 생각하는 사람이라면 용서할 수 있어야 합니다. 용서는 누군가의 잘못한 행위를 잊어버리는 것이 아니라 가슴에 깊이 새기는 것이기 때문입니다. 똑같은 잘못을 하지 않도록 이끄는 것이기 때문입니다. 용서가 개인적 차원이 아니라 사회적, 정치적, 역사적 차원에서 이루어지는 것이라면 용서하는데 필요한 용기는 상상을 뛰어넘습니다.

넬슨 만델라는 노벨평화상을 받은 아프리카의 인권 운동 지도자입니다.

남아프리카공화국(이후 남아공)에서 흑인 최초로 대통령을 지낸 사람이기도 하지요. 그는 청년 시절 백인들의 아파르트헤이트에 저항해 무장 투쟁을 했지만, 27년 만에 출소한 후에는 아파르트헤이트의 잔혹한 폭력을 남아공의 다수 국민이 용서하도록 이끌었습니다. 그가 어떻게 용서라는 투쟁을 하게 되었는지 알아봅시다.

넬슨 만델라는 1918년 템푸족 추장의 아들로 태어났습니다. 1940년 대학을 다니던 중 시위하다가 퇴학을 당했지만, 변호사 개업을 하면 순탄한 삶을 살 수 있었습니다. 그런데도 그는 편안한 삶에 안주하지 않고 아프리카민족회의 청년 연맹을 창설했고, 1952년에는 요하네스버그에 법률 상담소를 열어 아파르트헤이트에 반대하는 투쟁에 앞장섰습니다.

남아공을 통치하던 백인 정부가 추진한 **아파르트헤이트**는 국민을 백인, 유색인(혼혈인), 반투(순수 아프리카 흑인)와 아시아인(인도, 파키스탄 등)으로 나누고, 각 인종의 거주 지역과 업무 구역을 따로 지정하여 철저하게

:: "백인만 사용할 수 있다"고 쓴 아파르트헤이트 간판

인종을 차별하는 정책을 말합니다. 어느 누구도 신분증이 없으면 다른 곳으로 이동할 수 없었습니다. 각 인종 사이에는 결혼을 비롯해 거의 모든 사회적 접촉이 금지됐고, 공공시설도 분리됐으며 별도의 교육 기관이 설립되었습니다. 인종에 따라 선택할 수 있는 직업도 제한됐고, 음식점, 화장실까지 따로 구분했습니다. 이러니 유색 인종의 정치 참여가 가능했겠습니까?

어느 날 만델라는 친구 집에서 사격 연습을 하느라 나뭇가지에 앉아 있는 종달새를 쏴 떨어뜨리고 의기양양해 있었습니다. 그때 다섯 살짜리 친구 아들 폴이 눈물이 그렁그렁한 눈으로 만델라에게 물었습니다.

"왜 새를 죽였나요? 어미 새가 슬퍼할 거예요."

만델라는 아이의 한마디에 깊은 부끄러움을 느꼈고, 그 후로 생명에 대한 경외심을 한 번도 잊은 적이 없었습니다.

오랫동안 평화 시위를 주도한 만델라는 1952년과 1956년 두 차례에 걸쳐 체포됐습니다. 1960년 3월 통행법에 항의하는 시위를 벌이던 흑인 69명이 무차별 사살된 **샤프빌 흑인 학살 사건**이 터지자 만델라는 평화 시위를 중단하고 무장 투쟁을 주도하게 되었습니다.

만델라는 1961년 지하 무장 조직인 '움콘토 웨 시즈웨(민족의 창)'를 결성해 전국적인 파업과 게릴라 활동에 나섰지요. 흑인 해방을 위해 무기를 든 지 17개월 만인 1962년 8월에 체포된 그는 1964년 6월 리보니아 재판소에서 국가 전복 기도 죄로 종신형을 선고받았습니다.

1976년에는 흑인 학생들이 자신들에게 백인 언어만 강제로 배우게 하는 데 항의하는 소웨토 폭동을 일으켰습니다. 이 사건으로 1,000명이 넘는 흑인 학생이 학살당했습니다. 이 사건으로 남아공 정부는 국제 사회에서 고립되었고, 만델라 석방 운동이 전 세계적으로 전개되었습니다.

점점 거세지는 국제적 압력을 감당할 수 없었던 클레르크 정부는 1990년 2월 11일, 27년여 동안 수감 생활을 하던 만델라를 석방했습니다. 만델라는 71살의 할아버지였습니다.

만델라가 출옥했을 때 남아공은 두 갈래의 갈림길 앞에 서 있었습니다. 하나는 지난 수십 년 동안 국가가 행한 차별과 폭력에 복수하는 또 다른 폭력의 길이었고, 다른 하나는 용서와 화해를 통해 나라를 새롭게 하고 사회를 새로 건설하는 평화의 길이었지요.

:: 클레르크(왼쪽)와 악수하는 만델라(오른쪽)

아파르트헤이트의 오랜 역사와 그 과정에서 자행된 제도화된 차별과 잔혹한 폭력을 떠올리면 **용서와 화해**를 통한 평화의 길을 기대하기는 매우 어려운 상황이었습니다. 그러므로 만델라가 출옥 직후, 용서와 화해를 주창하고 노벨평화상 수상자인 투투 주교에게 '진실과 화해' 위원회의 책임을 맡긴 것은 위대한 선택이었습니다. 암울한 폭력과 회색빛 미래를 일순간에 희망과 평화와 상생의 길로 바꾼 것이었죠. 진실과 화해 위원회는 "범인이 진실을 밝히고 그들의 행동이 정치적 동기였음을 증명하면 개인별로 사면한다.", 즉 용서할 수 있으나 잊어서는 안 된다는 원칙에 따라 남아공의 역사적 화해를 주도했습니다.

만델라가 보여 준 용기야말로 용서를 말이 아니라 행동으로, 그리고 남아공의 국가 정책으로 구현할 수 있었던 힘이었습니다.

::: 샤프빌 흑인 학살 사건

1950년 백인이 아닌 모든 유색 인종은 항상 신분증을 갖고 다녀야 하고, 야간에는 설사 자신의 직장이라고 해도 '백인 구역'에 있으면 안 된다는 법이 만들어졌습니다. 흑인들은 이 법에 항의하는 시위를 했고, 시위를 막느라 서로 부딪치는 폭력 사태가 일어나기도 했지만 아무도 대량 학살이 일어나리라고는 예상치 못했습니다. 수천 명의 무장하지 않은 군중이 지역 경찰서를 에워쌌고, 경찰서 안에 있는 75명의 경찰관은 자동 화기로 무장했습니다. 아무리 시위대가 해산을 거부했다 해도 경찰이 긴장할 이유는 없었지요. 그러나 경찰은 발포 명령을 내렸고, 그 결과 69명이 사망하고 200명이 부상을 입었습니다. 소란을 피해 도망치던 남녀와 어린이가 등에 총을 맞고 쓰러지는 모습은 전쟁터를 방불케 했습니다.

정부는 사태의 책임을 범아프리카회의에 돌렸습니다. 1959년에 결성된 범아프리카회의는 아프리카민족회의보다 훨씬 과격했습니다. 무장한 20,000명의 흑인이 경찰서를 에워싸고 먼저 총을 쐈다는 것이 정부의 주장이었지만, 이 말을 믿는 사람은 아무도 없었습니다. 4월 1일 유엔 안전보장이사회는 남아공에 아파르트헤이트를 중지할 것을 촉구했습니다. 그러나 남아공 정부는 아랑곳하지 않고 범아프리카회의와 아프리카민족회의를 금지 단체로 규정하고, 요하네스버그의 주교를 추방했으며, 영국 연방 탈퇴를 선언했습니다. 백인의 남아공 정부는 이로써 세계로부터 더욱 고립되었습니다.

지금은 다양한 인종, 다양한 의견, 다양한 욕구가 섞여 있는 시대입니다. 이런 사회에서 서로 이해하고 협력하려면 소통이라는 절차가 필요하지요.

세종은 모든 면에서 뛰어난 왕이었습니다. 경을 논해도 당대의 학자들을 앞질렀고, 백성의 생활과 어려움을 챙기는 데는 일선 목민관의 현장 감각을 앞질렀지요. 가히 팔방미인이라 불러 손색이 없는 세종이었지만 그중에서도 특히 뛰어난 점은 그가 사람들의 얘기를 경청하는 **'소통의 달인'**이었다는 것입니다.

세종은 가까운 몇 사람의 얘기만 경청한 것이 아니라 해당 분야의 전문가, 이해 당사자, 일반 백성의 얘기를 두루 들었습니다. 직접 듣지 못하면 각지의 지방 수령을 통해서라도 들었지요. 신하들의 의견이 세종 자신이 행하려는 정치와 다르더라도 한 번 들어 주면 그만큼 반대의 강도가 약해지고, 두 번 세 번 들어 주면 자기도 모르게 반대의 핵심은 살리되 긍정적으로 말하게 된다는 것을 알았습니다. 반대는 두려워하고 배척할 것이 아니라 더 가깝게 두고 경청해야 함을 체득한 것입니다. 전제 군주였으므로 세종도 마음

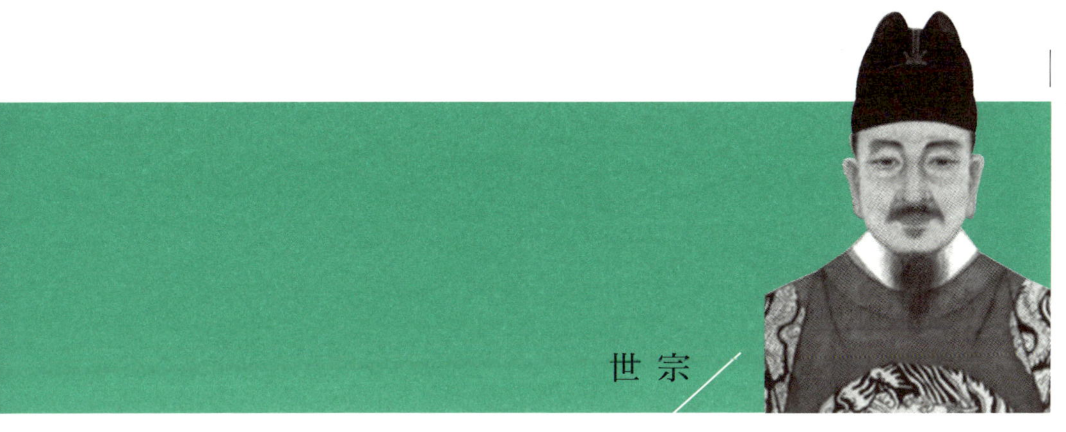

만 먹으면 번거로운 경연, 따분하고 짜증 나는 여론 수렴 과정을 거치지 않고 마음 내키는 대로 통치할 수 있었습니다. 그 자신이 누구보다 뛰어난 지성의 소유자였으므로 신하들과의 지루한 토론 과정이 소모적이라고 생각할 수도 있었을 법합니다. 하지만 세종은 그러지 않았습니다. 세종은 자기 생각에 미치지 못하는 신료의 의견도 경청하고, 세상 무지렁이들의 소리도 들었습니다. 듣고 또 듣는 고통스러운 소통 과정이 세종의 건강을 해쳤지만 대신에 세종은 **공론**의 힘을 얻었습니다. 세종이 진정한 성군인 이유는 바로 경청과 공론의 힘을 실천한 군주였기 때문이지요.

세종은 왕위에 오르는 것부터가 범상치 않았습니다. 태종은 장남인 양녕대군을 '법을 존중하지 않는 세자가 군주가 된다면 무고한 사람들이 죽을 것'이라며 폐하고 황희 등 일부 신하의 반대에도 불구하고 막내아들 충녕대군을 왕세자로 책봉하였지요. 그의 나이 스물두 살 때였습니다. 그의 학문을 높이 산 태종은 그 해 8월에 선왕의 자리로 물러났습니다.

이런 때에는 폐세자 양녕 대군과 바로 위의 형인 효령 대군은 세종에 의
해 제거되거나 반역을 꾀하다 역모에 연루되기 쉽습니다. 왕위 계승이 비정
상적으로 이루어졌기 때문이지요. 그러나 삼 형제는 다른 모습을 보여 주었
습니다. 양녕 대군은 폐세자가 된 후 오히려 자유롭게 인생을 즐기며 장수했
고, 세종이 죽은 후에는 왕실 종친의 우두머리로서 세조의 즉위를 후원하고
훈구 척신을 견제해 왕권을 강화하는데 역할을 다했습니다. 효령 대군은 승
려가 되어 속세를 떠나 자신의 길을 갔으나 동생 충녕과의 인연도 소중히 여
겨 죽을 때까지 형제의 의를 지켰습니다.

태종이 후계 구도 관리를 탁월하게 잘했다고 볼 수도 있고, 세종과 형제
간의 우애가 각별했다고 볼 수도 있습니다. 막내인 충녕 대군이 두 형이 인
정할 만큼 탁월한 군왕의 재목이었다는 평가도 가능하겠지요.

세종은 의지가 약한 왕이 아니었습니다. 필요할 때는 과단성 있게 군사
작전도 직접 지휘했습니다. 김종서로 하여금 6진을, 최윤덕에게 4군을 개척
하게 해 지금의 압록강과 두만강을 경계로 하는 한반도의 국경선을 확정한
사람도 세종이었습니다. 왜구의 약탈을 원천적으로 뿌리 뽑기 위해 이종무
로 하여금 대마도를 정벌케 한 사람도 세종이었지요. 정인지, 정초, 이천, 장
영실 등으로 하여금 각종 과학 기기를 만들게 했고, 그 결과 만들어진 측우
기 등이 농민의 농사일에 도움을 주도록 했습니다. 활판 인쇄술을 획기적으
로 개선해 서적 편찬에 힘써 문화 창달과 민생 안정에 도움이 되도록 했으
며, 도량형을 확립하고 신무기 개발도 했습니다. 아악을 정리하고 법전을 정
비했으며 형벌 제도를 개선했고 전세 제도를 확립했습니다. 집현전 학자들

과 함께 한글을 창제해 백성 누구나 익히기 쉬운 글을 만들어 주었지요. 한 사람이 한 일이라고 하기에는 믿기 어려울 만큼 탁월한 업적을 남겼습니다.

세종은 조세 제도 개혁을 하기 위해 17년간이나 토론했습니다. 조세 제도 개혁으로 손해볼 기득권층의 주장을 들어 주고 일반 백성의 생각은 어떤지 듣기 위해 여론 조사도 했습니다. 17년간의 토론을 통해 처음에는 반대했던 사람들도 모두 찬성한 뒤에야 정책을 펌으로써 개혁 정책이 가져올 수 있는 사회 갈등을 처음부터 없앴습니다. 이 같은 공론 정치는 죽을 때까지 왕위에 있고 모든 반대도 다 수렴할 수 있는 절대 권력을 가진 전제 군주에게나 가능한 일이라는 반론도 있지만, 그렇다고 여론과 민심을 중시하는 공론 정치의 리더십 가치가 손상되는 것은 아닙니다.

세종의 공론 리더십은 **훈민정음 창제**에서 반포, 상용화하는 과정에서도 여실히 드러납니다. 세종은 한글을 만들어 놓고도 조정 내의 공론 형성을 위해 오랜 기간 토론했습니다. 한글 반대론자의 의견도 충분히 들어 줌으로써 한글 창제와 반포를 위한 정치 환경을 주도면밀하게 조성해 나갔지요.

세종 시대에는 어느 한 분야가 아니라 사회 모든 분야에서 혁신과 비약적 발전을 이루었습니다. 세종을 보면서 소통과 공론 형성, 참여가 만들어 낸 무한한 힘을 다시 한 번 느낄 수 있습니다.

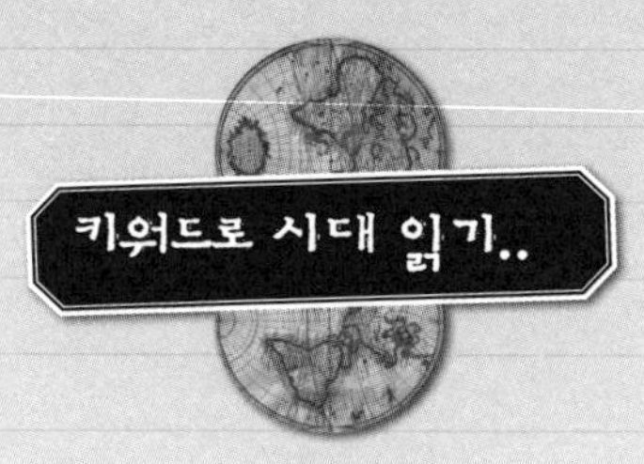

::: 소통과 공론으로 만든 훈민정음

세종이 훈민정음을 만들기 전까지 조선은 말은 조선말을 하지만 글은 중국에서 빌려 온 한자를 썼습니다. 여러분도 알다시피 한자는 시간을 들여 공부하고 익혀야 하는 글자입니다. 양반이 아닌 일반 백성은 먹고살기 위해 일하기도 바빠 따로 한자를 공부할 시간이 부족했습니다. 이런 상황이었으므로 말을 글로 옮기는 것이 너무도 어려웠습니다. 글을 모르니 열심히 일하고도 새경을 제대로 못 받는 백성이 생겼고, 나라에서 행하는 제도에 대한 공고를 제대로 모르는 경우도 많았습니다. 글을 몰라서 법을 어기는 바람에 억울하게 벌을 받는 백성이 많아지자, 세종은 '백성을 가르치는 바른 소리' 라는 뜻의 훈민정음을 만들기로 한 것입니다.

훈민정음을 만들기로 하자 최만리를 비롯한 유생들이 격렬하게 반대했습니다. 당시만 해도 중국은 세계의 중심이었습니다. 조선 사람의 눈에 중국의 발달한 기술과 문화의 힘은 대단했습니다. 그러니 중국을 본받으려면 한자를 써야 하는데, 우리나라 사람이 쓰는 글자를 따로 만들면 한자 배우기를 게을리할 것이고, 결국 중국의 선진 문화를 배우는 것도 어려워지리라는 것이 이들의 주장이었습니다.

세종은 최만리의 상소문을 읽고 화가 나서 훈민정음 창제를 반대하는 신하들을 감옥에 가두었지만 다음날 풀어 주었습니다. 신하들의 의견이 세종과 다르더라도 나라를 위하는 마음은 같다고 생각했기 때문입니다. 새로운 글을 만들더라도 최만리와 같은 생각을 하는 사람들이 많으면 훈민정음을 널리 쓰이게 할 수 없을 것이라는 걱정도 들었습니다.

세종은 훈민정음 창제부터 반포, 그리고 널리 쓰이도록 제도를 정비하는 과정에서 반대하는 사람들의 주장을 잘 듣고 그들마저 이해하고 수긍할 수 있도록 제도를 정비해 가며 차근차근 설득했습니다. 지금 우리가 이렇게 한글을 편리하게 쓰고 있는 것은 바로 이때 보여 준 세종의 설득과 공론의 리더십 때문입니다.

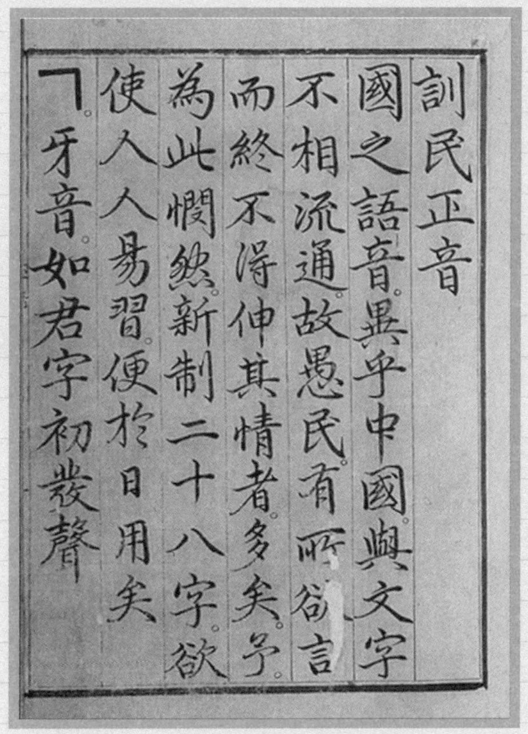

:: 훈민정음해례본. 국보 제70호. 훈민정음의 창제 동기와 의미, 사용법 등을 소개한 해설서이다. 서울 간송 미술관에 소장되어 있다.

사회 의지를 하나로 모은 인물 깊이 읽기

난중일기
이순신 지음, 노승석 옮김, 민음사, 2010

1592년 4월 일본의 조선 침략으로 시작되어 근세 아시아 판도를 뒤흔들어 놓은 7년 간의 전쟁을, 한 장수의 눈으로 기록한 〈난중일기〉는 전쟁을 맞은 인간 이순신의 고투를 남김없이 보여 줍니다.

이순신이 초서로 몹시 흘려 쓴 일기의 친필 초고는 치열한 전투가 일어났던 해일수록 그 정도가 더욱 심하여 당시의 긴박함을 생생하게 느낄 수 있습니다.

검은 대륙의 아버지 넬슨 만델라
이원준 지음, 자음과모음, 2011

남아프리카공화국 흑인 최초 대통령이 되어 아프리카에 자유와 평등을 가져온 넬슨 만델라의 이야기를 담았습니다. 영국의 지배 아래 놓인 남아프리카의 작은 마을에서 태어난 넬슨 만델라의 유년 시절부터, 아프리카를 지배하려는 영국의 주입식 사상 교육 강요에 저항한 청년 만델라의 모습, 영국의 인종 차별 정책 강화에 맞서 무장 투쟁을 하며 뜻을 굽히지 않는 만델라의 모습이 드라마틱하게 펼쳐집니다.

자유를 향한 머나먼 여정
넬슨 만델라 지음, 김대중 옮김, 아태평화출판사, 1995

남아프리카공화국의 인종 차별 정책에 대항해 인간의 존엄성과 자유를 외쳤다는 죄로, 27년간 감옥 생활을 하다 풀려나 대통령에 취임한 넬슨 만델라의 자유를 향한 투쟁의 자서전입니다. 감옥에서 풀려난 후엔 평화적인 투쟁 노선을 택해 백인 정부와 협상, 백인 지배를 종식하고 다인종 민주국가인 남아프리카공화국 최초의 흑인 대통령이 됩니다.

한 편의 드라마 같은 만델라의 인생을 연대기로 보여 주는 이 책은 자유의 가치와 인간존엄성에 대한 신념을 일깨워 줄 것입니다.

이도 세종대왕
이상각 지음, 추수밭, 2008

조선의 뼈대를 세우고 오백 년간 이어진 국가의 로드맵을 제시한 크리에이터 세종의 모습을 통해 이 시대 진정한 지도자 상을 보여 준 책입니다. 지은이 이상각은 개인적인 아픔과 고뇌를 넘어 대왕으로 불리게 된 세종을 만든 원동력이 무엇인지, 건국 초기 쉽지 않은 수많은 정책을 추진한 열정의 원천이 무엇인지를 추적합니다. 어짊으로 나라를 다스린다는 세종의 통치 철학을 해답으로 보고, 훈민정음 창제 과정에 집약된 그의 철학에 관해 자세히 썼습니다. 그 외에도 세종의 왕 즉위부터 조선의 주춧돌을 쌓기까지의 나날들을 그렸습니다.

세종처럼
박현모 지음, 미다스북스, 2012

총 163권 154책으로 구성되어 있는 〈세종실록〉의 핵심을 입체적으로 통찰하고 현재적으로 망라했습니다. 세종의 임기 당시 상황에 대한 진단과 비전 및 처방, 그 과정에서 장애물을 극복해 나가는 방법을 중심으로 재조명하여 기존에는 알기 어려웠던 세종의 다른 면모를 알 수 있는 책입니다.

한국학중앙연구원의 박현모 교수가 운영하는 '세종실록학교'의 강의를 바탕으로 삼아 녹취 원고를 정리하고 재집필했으며, 여주에 있는 세종대왕유적관리소와 세종대왕기념사업회의 사진 및 그림 자료 협조를 거쳐 완성되었습니다.

실록 속에 나타난 세종의 모습을 신하와의 소통, 백성에 대한 헌신, 국가 최고 경영자로서의 리더십, 세 가지 관점에서 살펴보았습니다. 또한 세종의 성격과 취미, 그리고 여성관과 화법 등에 이르기까지 '인간 세종'의 이모저모를 분석한 '세종의 습관 노트'는 전에는 알지 못했던 세종의 인간적인 면모도 알 수 있게 도와줍니다. "세종은 어떤 사람이었고, 왜 그런 말과 행동을 보였나?" 하는 것을 이해하는 데 도움이 될 것입니다.

세종의 인재 경영과 지식 경영, 북방 영토 경영, 사회 최약자를 배려하는 마음 경영, 세제 개혁이나 수령구임법, 수령고소금지법 등을 통해 미루어 짐작할 수 있는 개혁 군주로서의 면모도 고찰했습니다.

새로운
가치를
발견하다

사회가 발달하면 그동안 없었던 문제도 생기고,

그동안은 문제라고 느끼지 못하던 것들이 서서히 문제가 되기도 합니다.

기계가 발달함에 따라 대량 생산이 가능해졌지만, 온종일 기계를 가동하느라

노동자의 노동 시간이 늘어나게 된 것이 문제가 된 것처럼 말이죠.

그동안 자각하지 못하던 문제들을 발견하고

새로운 가치를 지켜나간 사람들의 이야기를 들어 볼까요?

키워드

전태일 분신자살 사건 • <u>노동자의 권리</u> • 전태일

동양평화론 • <u>아시아 연합</u> • 안중근

몽고메리 버스 보이콧 투쟁 • <u>존중</u> • 마틴 루터 킹

전태일 1948~1970

한 사람이 역사를 바꿀 수 있다면 과연 어느 정도의 폭과 깊이로 바꿀 수 있을까요? 철학자, 왕, 혁명가, 과학자…… 모두 세상을 바꾸고 역사를 바꿔 쓸 수 있지만, 스물두 살의 청년 노동자 전태일이 이룬 역사 발전의 폭과 깊이를 따라갈 수 있는 사람은 많지 않습니다. 전태일은 권력도 권세도 가지지 못한 가난한 젊은 노동자에 불과했지만, 그의 절규와 행동은 세상을 바꿔 놓았습니다.

1970년 11월 13일은 100여 년의 한국 자본주의 역사상 가장 중요한 날 중의 하나입니다. 바로 노동 운동의 상징인 **'전태일 분신자살 사건'**이 일어난 날이지요.

이 사건이 있기 전까지 한국 경제는 '노동 없는 자본'으로 표현될 정도로 노동 환경이 열악했습니다. 기업은 노동자가 있어야만 운영될 수 있고, 노동자는 자신의 노동에 대한 대가(임금)를 받아야 생활할 수 있기 때문에 둘은 떼려야 뗄 수 없는 관계입니다. 무엇보다 협력이 필요한 관계지요. 하지만 우리나라의 기업은 노동자의 노동력을 통해 벌어들인 이익을 노동자와 나

©전태일재단

누거나 노동자를 위해 투자하기보다는 기업의 이익을 위해 독점하는 경우가 많았습니다. 한국 자본주의를 **천민자본주의**라 불렀던 이유입니다.

전태일의 희생으로 노동자들은 자신들의 힘을 자각했습니다. 노동이 자본 못지않게 자본주의 시장 경제 발전 과정에서 핵심적인 역할을 하고 있음을 자각했습니다. 또 그에 걸맞은 권리 행사를 위해 행동해야 한다는 것도 알게 되었습니다.

전태일이 자신의 몸을 불태워 만들려고 한 세상은 어떤 것이었을까요? 그가 희망한 세상은 법이 지켜지는 세상이 아니었을까요? 노동자가 법의 보호를 받으며 마음 편하게 일할 수 있는 세상, 노동자가 사회 구성원으로 당당하게 대접받는 세상, 법을 어기면 기업주도 처벌받는 공정한 세상, 모든 사람이 법 앞에 평등한 세상, 국가가 법의 정의를 세우기 위해 노력하는 세상 말입니다.

전태일은 1948년 대구에서 가난한 노동자의 맏아들로 태어났습니다. 그의 가족은 6·25전쟁이 끝난 직후인 1954년에 서울로 올라왔습니다. 서울에 아는 사람도 없어 잠은 서울역 앞 염천교 밑에서 자고, 끼니는 만리동 일대를 돌아다니며 동냥으로 때웠습니다. 말 그대로 거지 가족이었죠.

하루하루 어렵사리 생계를 이어 나간 전태일은 1960년 남대문 초등학교 4학년에 편입했습니다. 하지만 초등학생이 된 지 몇 개월 만에 학교를 그만두었습니다. 아버지가 학생복 납품 사업을 하다 사기를 당해 재산을 모두 날렸기 때문이지요.

전태일의 가족은 다시 빈털터리가 되어 길거리에 나앉았고 부모님은 정신적 충격으로 생활을 이어가기 곤란한 지경에 이르렀습니다. 열두 살의 어린 전태일은 가족의 생계를 위해 신문 파는 일에 뛰어들었습니다. 처음에는 학교 수업을 마치고 신문을 팔았으나, 차츰 신문 파는 시간이 늘어났고 결국, 학교를 중퇴하고 노동에 본격적으로 나서게 되었습니다. 소년 가장이 된 것이지요.

신문팔이, 삼발이 장사 등 돈 되는 일이라면 가리지 않고 하던 전태일은 아버지에게 배운 재봉 기술 덕분에 비교적 어린 나이에 안정된 일자리를 잡을 수 있었습니다. 평화시장에 재봉사의 보조로 취직한 것입니다.

열일곱 살의 전태일은 다방 커피 한 잔 값에 해당하는 일당 50원을 받으며 노동자 생활을 시작했습니다. 재봉 기술이 비교적 능숙했던 전태일은 취직한 지 얼마 안 돼 승진했고, 월급도 3,000원으로 올랐지요. 시간이 지나면서 실력을 인정받아 정식 재봉사가 되었고, 가족이 다시 모여 살 정도로 약간의 경제적 여유가 생겼습니다. 자신과 가족의 생계를 위해 앞만 보고 달려

온 전태일은 오랜만에 행복을 느꼈습니다.

전태일은 차차 자신과 비슷한 처지에 있는 이웃을 둘러보게 되었습니다. 그의 눈에 자신보다 더 어렵고 딱한 이웃의 모습이 들어오기 시작했지요. 전태일은 그 사람들이 자신과 똑같은 고생을 하지 않길 바랐습니다. 노동자가 열심히 일한 만큼 적절한 대가를 받는 세상을 꿈꾸기 시작했지요. 그래서 혼자 근로기준법을 공부했고, 1969년 평화시장 최초로 노동 운동 조직인 바보회와 삼동친목회를 만들었습니다. 동료과 함께 근로기준법 교육을 하고 노동 환경 실태를 조사했습니다. 평화시장 노동 환경을 조사한 결과 전태일은 자신이 생각한 것보다 훨씬 열악한 노동 환경에 놀랐습니다.

전태일이 조사한 평화시장 노동 환경 실태

미싱사 4,000명

시다 4,000명

재단사 300명

재단 보조 400명

기타 시아게, 공장장, 점원 300명

주인, 주주 1000명

합계 10000명

<u>작업 시간</u>

아침 8시 30분 ~ 저녁 10시 30분까지

1일 14시간

1달 920시간 중 372시간 〈한 달 중 첫째, 셋째 일요일 휴무〉

*국제 근로 기준의 2배에 해당하는 시간임.

<u>급료는 직책별</u>

재단사 15,000~30,000원

미싱사 7,000~25,000원

시다 1,700~3,000원

재단 보조 / 시아게 점원 3,000~15,000원

<u>연령별 직책</u>

12~21살 시다 (12~21세까지 여자 시다는 하루 1인당 70원 14시간 작업)

19~38살 미싱사

22~50살 재단사

17~25살 재단 보조, 점원

<u>건강 상태</u>

재단사 : 100% 신경성 소화 불량, 만성 위장병, 신경통, 기타 병의 환자임.

미싱사 : 90%가 신경통 환자임, 위장병, 신경성 소화 불량, 폐병 2기까지

시다 : 평균 15살 어린이로서 하루 14시간의 작업을 당해 내지 못함.

* 평화시장 종업원 중 경력 5년 이상 된 사람은 전부 각종 병을 앓는 환자임.
특히 신경성 위장병, 신경통, 류마티스가 대부분임.
* 시장 건물은 10,000명 이상을 수용하면서 환기 상치가 하나도 없으며, 휴식 시간 오후 1시~2시까지 햇빛을 받을 장소가 없음.
* 공임은 우리나라에서 여기보다 싼 데가 없음.

전태일은 조사 결과를 바탕으로 청와대와 노동부에 탄원서를 제출했지만 아무 효과가 없었습니다. 전태일과 삼동친목회 회원은 마지막 수단으로 근로기준법 화형식을 하기로 했습니다.

1970년 11월 13일 삼동친목회 회원은 플래카드를 앞세우고 노동 환경 개선 요구 시위를 시작했습니다. 경찰과 사업주들은 기다렸다는 듯 달려들어 플래카드를 빼앗고 순식간에 시위를 진압했습니다. 시위가 별 효과를 보지 못하고 무위로 돌아가려는 찰나, 전태일이 갑자기 온몸에 휘발유를 끼얹고 불을 붙였습니다. 그리고 이렇게 외쳤습니다.

"근로기준법을 지켜라!"

"우리는 기계가 아니다!"

"내 죽음을 헛되이 하지 마라!"

전태일은 이 세 마디를 남기고 쓰러졌고, 병원으로 옮겨졌으나 곧 숨졌습니다.

그가 왜 분신자살이라는 극단적이고 비극적인 방법을 선택할 수밖에 없었는지는, 그가 조사한 노동 환경 실태가 잘 설명해 줍니다. 전태일은 가족과 함께 사는 행복을 맛본 지 얼마 되지 않았고, 경제적 여유가 생기기 시작했지만 노동 운동을 중도에 포기하지 않았습니다. 자신의 불우했던 어린 시절을 똑같이 겪는 이웃과 후배들을 생각해 그들에게는 좀 더 나은 환경을 만들어 주고 싶어 했던 마음이 아니었을까요?

전태일 분신자살 사건 이후 한국 사회에는 반성하는 분위기가 고조됐습니다. 수많은 대학생이 노동 운동에 투신했습니다. 수천 개의 노동조합이 활발하게 활동하는 오늘의 노동 운동도 전태일 분신자살 사건에서부터 본격적으로 시작됐다고 할 수 있지요. 한국의 노동자는 매년 11월 13일이 되면 자신의 몸을 불사르면서 노동자를 대변하고 간 전태일을 기념하는 추모제를 갖습니다. 11월 13일은 5월 1일 세계 노동자의 날과 더불어 한국 노동자의 전진을 확인하는 기념일로 계속 지켜지고 있지요.

전태일 분신 후 42년의 세월이 흘렀습니다. 지금 우리는 전태일이 그토록 바라던 세상에서 살고 있을까요? 부족하다고 느끼면 행동합시다. 비단 노동 운동의 현장에서뿐만 아니라, 우리 이웃이 생계가 위태로워 사는 것보다 죽음을 먼저 생각하고 있다면 행동해야 합니다. 바꾸는 힘은 함께할 때 그만큼 커집니다. 노동자와 평범한 이웃이 함께 힘을 모으는 것, 그것이 전태일이 우리 사이에서 살아 숨 쉬게 하는 길일 것입니다.

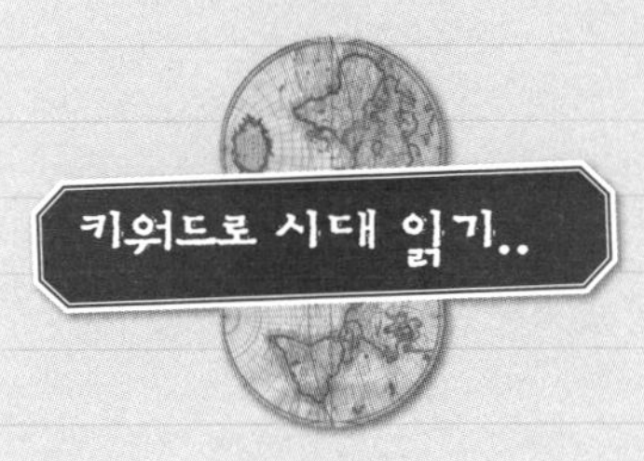

::: 천민자본주의

천민 취급을 받아 온 상인과 금융업자가 중심이 된, 근대 이전의 비합리적 자본주의를 가리키는 말입니다. 중세 시대에는 상인이나 금융업자는 특별한 신분을 형성하는 경향이 있었을 뿐 아니라, 그들이 종사하는 직업을 종교적으로나 도덕적으로 비천하다고 생각했습니다. 사회적인 제약도 많이 받았지요. 근대 이전까지는 이 업종에 주로 유대인이 종사했는데, 그들은 이러한 사회 제도를 역이용하여 이득을 취하는 특수한 위치를 차지했습니다.

천민자본주의는 막스 베버가 처음 사용한 표현으로, 일반적으로는 물질이나 인간의 이기심에만 집착하여 공정한 자유 경쟁, 개인의 창의성 발휘, 경제적 혁신, 일에 대한 헌신적인 직업윤리를 상실해 버린 타락하고 낡은 자본주의를 말합니다. 그 결과 경제력이 일부 계층으로 집중되고 불공정한 경제 행위(독점과 투기, 불로소득), 반복지의 과소비 문화가 형성되지요.

:: 막스 베버

::: 세계 노동자의 날(메이 데이)

노동자의 열악한 노동 환경을 개선하고 지위를 향상하기 위해 각국의 노동자가 연대 의식을 다지는 날로 매년 5월 1일입니다. 1884년 미국의 방직 노동자를 중심으로 시작되었지요.

1886년 5월 1일, 미국 시카고에서 8만 명의 노동자와 그들의 가족이 미시

:: 1886년 시카고 파업 집회 그림

건 거리에서 파업 집회를 열었습니다. 장시간 노동으로 사람다운 삶을 살 수 없음을 알리고, 하루 8시간 노동을 보장받기 위해서였지요. 경찰과 군대의 발포로 유혈 사태가 일어났고, 결국 자본가는 단결 투쟁하는 노동자의 요구를 들어주게 되었습니다. 이 사건은 ‘8시간 노동’ 이라는 노동 인권을 투쟁으로 쟁취했다는 의미가 있습니다. 이 사건으로 목숨을 잃은 사람들을 기리기 위해 1889년 제2인터내셔널 파리 총회에서 5월 1일을 노동절로 선포했습니다.

현재 미국, 캐나다를 비롯한 일부 나라에서는 노동자의 파업과 시위 때문에 5월 1일을 ‘법의 날’ 로 정하고 다른 날을 노동절로 정했습니다. 미국과 캐나다는 9월 첫째 월요일, 뉴질랜드는 10월 넷째 월요일, 일본은 11월 23일로 정해 놓고 있습니다.

한국에서는 일제 강점기인 1923년 5월 1일, 조선노동총연맹에 의해 2,000여 명의 노동자가 모여 ‘노동 시간 단축, 임금 인상, 실업 방지’ 를 주장한 것

{ 키워드로 시대 읽기 }

이 최초입니다. 광복 이후에는 조선 노동 조합 전국 평의회가 주도하여 노동절 기념행사를 개최했습니다. 1958년부터는 명칭이 '근로자의 날'이나 '법의 날'로 바뀌고, 날짜도 바뀌었습니다. 이에 대해 노동 단체는 노동절의 의미가 왜곡된다고 판단하여 '5월 1일, 노동절'을 되찾기 위해 투쟁했습니다. 1994년부터 그 기념일이 5월 1일로 옮겨졌으나 정식 명칭은 노동절로 바뀌지 않고 '근로자의 날' 그대로 유지되고 있습니다.

:: 1912년 미국 노동절 집회

최근 독도를 중심에 놓고 우리나라와 일본이, 댜오위다오(센가쿠 열도)를 가운데 놓고 일본과 중국이 첨예하게 갈등하고 있습니다. 이런 와중에서 각 나라의 애국주의, 국가주의의 열기가 뜨겁게 달아오르고 있지요.

문득, 〈동양평화론〉이라는 책을 통해 한 · 중 · 일 동양 삼국의 미래를 그리려고 했던 안중근 의사가 생각납니다. 그가 바라던 평화로운 동양의 모습은 어떤 것이었을지 지금의 상황과 비교하면서 생각해 볼까요?

안중근은 1879년 9월 2일 황해도 해주에서 태어났습니다. 태어나면서부터 가슴과 배에 검은 점 일곱 개가 있어 북두칠성의 기운을 받고 태어났다 하여 자를 응칠이라 했습니다. 안중근은 서당에서 한학을 배웠으나 어려서부터 사냥하고 말 타고 활 쏘는 것을 더 좋아했습니다.

삼흥학교를 세워 교육에 전념하던 안중근은 교육만으로 나라를 구할 수는 없다고 생각하고 1907년 연해주로 건너가 김두성, 이범윤과 함께 의병부대를 조직하고 참모총장이 되었습니다. 그해 7월 안중근은 의병 300명을

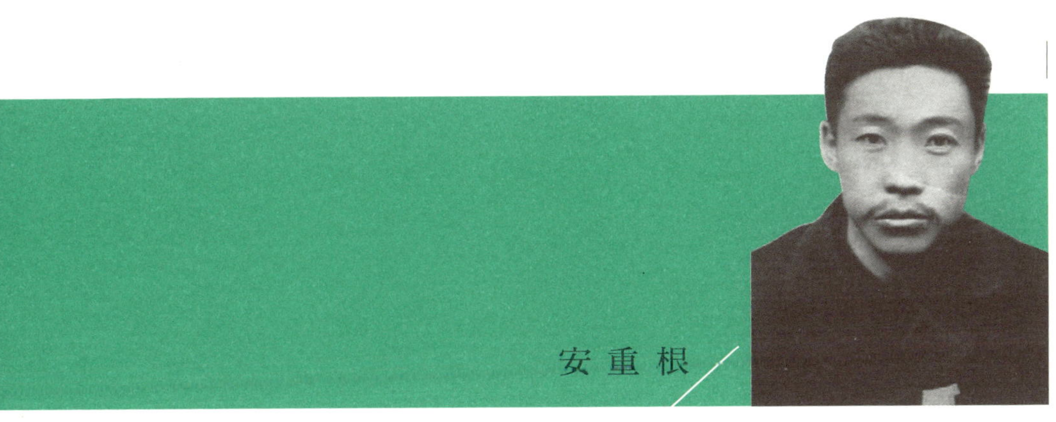

이끌고 두만강을 건너 함경도 경흥으로 쳐들어가 일본 군인과 경찰 50여 명을 죽이는 승리를 거뒀고, 곧바로 회령으로 가 일본군 수비대 5,000여 명을 물리치는 등 13일 동안 30여 차례의 전투를 벌여 큰 승리를 거두었습니다.

1909년 2월 안중근은 엔치아 부근 카리 마을에서 김기룡, 강기순, 정원주, 박봉석 등 11명의 동지와 함께 동의단지회를 결성했습니다. 왼쪽 약지를 잘라 피로 태극기에 '대한독립'이라 쓴 뒤 만세를 불렀습니다.

그 해 10월, 이토 히로부미가 하얼빈에 온다는 소식이 들어왔습니다. 초대 통감을 지낸 이토 히로부미야말로 조선 침략의 원흉이었지요. 안중근은 하늘이 주신 기회라 생각하고 즉시 이토를 격멸할 계획을 세웠습니다.

거사 당일, 안중근은 역 안 찻집에서 차를 마시며 기다리다 이토가 기차에서 내릴 때 맞춰 찻집을 나왔습니다. 이토가 10걸음 정도 떨어진 곳까지 왔을 때 안중근은 권총을 꺼내 이토를 향해 3발을 쏘았고, 혹시 몰라 이토 주위에 있는 행색이 좋은 사람들을 향해 3발을 더 쏘았습니다.

먼저 쓰러진 이토 히로부미는 3분여 만에 절명했고, 하얼빈 총영사, 비서

관, 남만주철도 이사가 차례로 쓰러졌습니다. 러시아 헌병이 덮치자 안중근은 "코레아 우라(대한 만세)!"라고 외친 뒤 순순히 체포됐습니다.

뤼순 감옥으로 압송된 안중근은 이토를 죽인 이유를 묻는 검찰관의 질문에 15가지로 나누어 대답했습니다.

1. 한국의 명성 황후를 죽인 죄.

2. 고종 황제를 왕의 자리에서 내친 죄.

3. 을사조약(5조약)과 한일신협약(7조약)을 강제로 맺은 죄.

4. 독립을 요구하는 죄 없는 한국인을 마구 죽인 죄.

5. 정권을 강제로 빼앗아 통감 정치 체제로 바꾼 죄

6. 철도, 광산, 산림, 천택을 강제로 뺏은 죄.

7. 제일은행권 지폐를 강제로 사용하여 경제를 혼란에 빠뜨린 죄.

8. 한국 군대를 강제로 해산시킨 죄.

9. 민족 교육을 방해한 죄.

10. 한국인의 외국 유학을 금지하고 한국을 식민지로 만든 죄.

11. 한국사를 없애고 교과서를 모두 빼앗아 불태워 버린 죄.

12. 한국인이 일본인의 보호를 받고자 한다고 세계에 거짓말을 퍼뜨린 죄.

13. 현재 한국과 일본에 전쟁이 끊이지 않고 있는데, 한국이 아무 탈 없이 편안한 것처럼 위로 일본 천황을 속인 죄.

14. 대륙을 침략하여 동양의 평화를 깨뜨린 죄.

15. 일본 천황의 아버지를 죽인 죄.

안중근의 답변을 들은 검찰관 미조부치 다카오는 매우 놀라면서 말했습니다.

"이제 그대가 하는 말을 들으니, 그대는 참으로 동양의 의사라 하겠다. 그대는 절대로 사형을 받지 않을 것이다. 그러니 걱정하지 마라."

그러자 안중근은 이렇게 대답했습니다.

"내가 죽고 사는 것은 말할 필요가 없고, 이 뜻을 어서 일본 천황에게 아뢰어라. 그래서 하루빨리 이토 히로부미의 옳지 못한 정책을 고쳐서 동양의 위태롭고 급한 사태를 바로잡기를 간절히 바란다."

안중근은 특히 자신이 대한의군 참모 중장 겸 특파 독립 대장, 아령지구 군사령관 자격으로 이토를 총살하였다고 주장했고, 만국공법에 따른 적국 포로 신분임을 강조했습니다.

이 사건은 러시아 영토에서 벌어졌음에도 불구하고, 재판은 일본 정부의 강압으로 일본 형법에 따라 일주일 만에 끝났습니다.

1910년 2월 14일 마지막 공판에서 사형을 선고받은 안중근은 "일본에는 사형 이상의 형벌은 없는가." 하며 웃었고, 그의 어머니는 아들의 사형 선고 소식을 듣자 두 동생을 뤼순 감옥으로 보내 이렇게 전했습니다.

"옳은 일을 하고 받는 형이니 비겁하게 삶을 구하지 말고 떳떳하게 죽는 것이 어미에 대한 효도다."

사형 집행을 기다리며 안중근은 감옥에서 자서전을 썼고, 3월 15일부터 **〈동양평화론〉**을 쓰기 시작했습니다. 시간이 얼마 남지 않았음을 짐작한 안중근은 법원장에게 〈동양평화론〉을 완성할 때까지 사형집행을 연기해 달라고 요청했으나 일제는 약속하고는 이 약속마저 지키지 않았습니다.

안중근이 구상한 동양평화론은 한·중·일이 대등한 지위를 공유하고, 대동 평화 회의를 뤼순에 개설하고 삼국 청년 군단을 편성, 한·중·일 경제 공동체 은행을 설립하고, 단일 공동 화폐를 발행하자는 주장을 담고 있습니다. 안중근이 중국과 한국을 강점하려는 이토를 격살한 것도 이토가 이 같은 동양 평화를 부정하는 원흉이기 때문이었습니다.

안중근은 3월 26일 처형되었고, 그의 유해는 찾지 못했습니다. 같이 거사했던 우덕순, 조동하는 각각 징역 1년 6개월 형을 선고받았습니다.

안중근이 진정 바라던 바는 모든 민족의 평등과 자결 존중을 바탕으로 아시아의 평화를 유지하는 것이었습니다. 그가 목숨을 바치면서 지키려했던 동양평화론의 실현을 어렵게 하는 국가주의, 군국주의를 경계해야겠습니다.

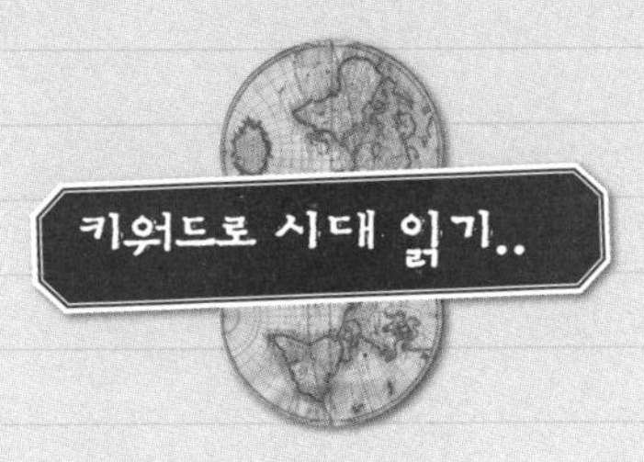

::: 안중근의 〈동양평화론〉

안중근은 법정에서 자신은 "한일 친선을 방해하고 동양 평화를 어지럽힌 장본인" 이토 히로부미를 의병 중장의 자격으로 제거한 것이라고 밝히며 이토 히로부미 사살을 '동양 평화를 위한 의로운 전쟁'으로 규정했습니다.

그가 1910년 2월 밝힌 동아시아 평화 구상은 뤼순을 개방해 한·중·일 3국이 동아시아 평화 회의체를 세울 것, 뤼순에서 3국이 공동으로 은행을 세우고 3국 공용화폐를 발행할 것, 3국 연합군을 창설해 서양 침략에 맞설 것 등 5가지 주장으로 이루어져 있습니다. 이는 현재 유럽 연합 등 세계적, 지역적 차원의 협력 기구보다 약 70년 앞서 역내국들의 협력과 통합을 제시한 것이자, 일본이 평화 지향적 국가로 탈바꿈해야 한다는 바람이 담긴 구상입니다.

안중근은 1910년 3월 15일부터 이러한 구상을 담아 〈동양평화론〉을 썼지만, 안타깝게도 11일 후 사형이 집행돼 〈동양평화론〉은 머리말과 1장 일부만 작성되었습니다.

서로의 존엄성을 인정하지 않는 시대,
꿈을 승화시켜 서로 **존중**하는 사회를 만들다

마틴 루터 킹 1929~1968

꿈은 가장 큰 힘입니다. 더 높게 보고 더 멀리 보고 더 멋지게 상상하면 그 꿈이 대한민국의 미래가 되고 여러분의 미래가 될 것입니다.

미국은 세계 최강대국이고 가장 잘사는 나라 중 하나이지만 사회적 양극화, 차별, 범죄, 환경 위기 등을 가장 심각하게 안고 있는 나라이기도 합니다. 그럼에도 불구하고 미국이 **팍스 아메리카나**를 구가하는 힘은 꿈을 가진 사람들이 끊임없이 나타났기 때문이지요. 1960년대 케네디의 꿈은 50년 후 클린턴의 꿈으로 이어졌으며 1960년대 마틴 루터 킹의 꿈은 50년 후 오바마의 꿈으로 이어졌습니다. 빌 게이츠, 워렌 버핏, 오프라 윈프리가 미국인에게 주는 꿈과 희망이야말로 지금의 미국이 존재하도록 하는 힘이지요.

마틴 루터 킹은 1963년 8월 28일 워싱턴에 모인 수십만 군중 앞에서 '나에게는 꿈이 있습니다'라는 제목으로 이렇게 연설했습니다.

나에게는 꿈이 있습니다. 조지아 주의 붉은 언덕에서 노예의 후손들과 노예 주인의 후손들이 형제처럼 손을 맞잡고 나란히 앉게 되는 꿈입니다.

나에게는 꿈이 있습니다. 이글거리는 불의와 억압이 존재하는 미시시피 주가 자유와 정의의 오아시스가 되는 꿈입니다.

나에게는 꿈이 있습니다. 내 아이들이 피부색을 기준으로 사람을 평가하지 않고 인격을 기준으로 사람을 평가하는 나라에서 살게 되는 꿈입니다.

지금 나에게는 꿈이 있습니다!

나에게는 꿈이 있습니다. 지금은 지독한 인종 차별주의자들과 주지사가 간섭이니 무효니 하는 말을 떠벌리고 있는 앨라배마 주에서, 흑인 어린이들이 백인 어린이들과 형제자매처럼 손을 마주 잡을 수 있는 날이 올 것이라는 꿈입니다.

46년 후인 2009년 1월 20일 '마틴 루터 킹의 날' 기념식에서 최초의 흑인 대통령 버락 오바마는 이렇게 말했습니다.

"실천가이자 행동가였던 인물, 낮은 곳에서 변화를 위해 더 나은 사회를 위해 정의와 평등을 위해 일생을 바친 인물을 기억하는 날입니다."

지금의 미국이 마틴 루터 킹의 꿈을 잘 구현하고 있는지는 보는 사람에 따라 다를 것입니다. 하지만 누구나 인정하는 한 가지는 킹의 꿈이 함께 만들어 갈 가치가 있다는 사실입니다.

킹은 모든 사람이 더불어 사는 평등한 평화 공동체를 꿈꿨고 그 꿈을 향해 나아가다 죽었습니다. 마틴 루터 킹의 짧았던 39년의 생애는 자신의 꿈을 찾고 그 꿈을 이루기 위해 아주 작은 일부터 하나씩 해 나가는 위대한 도전의 역사였지요.

킹은 침례교 목회자의 전통이 깊은 집안에서 태어나, 신학교에서 신학을 공부하면서 간디의 비폭력 철학을 접했습니다. 킹은 신학교를 졸업하면서 제출한 학위 논문에서 "신은 적극적이고 인격적인 실재다. 신이 인간을 구원으로 인도할 것이라는 믿음만이 인간을 구원의 길로 이끌 수 있다."고 주장하고 그대로 실천했습니다.

킹은 1954년에 인종 차별로 악명이 높던 앨라배마 주 몽고메리 시에서 목회 활동을 시작했습니다. 1년쯤 지난 어느 날 저녁이었습니다. 백화점 재봉사 로사 파크가 지친 몸을 이끌고 버스를 탔지요. 운전기사는 로사 파크에게 백인에게 자리를 양보하라고 요구했습니다. 로사 파크가 거부하자 기사는 경찰을 불렀고 로사 파크는 인종 차별법인 짐 크로우 법 위반 혐의로 체포되었습니다.

킹은 이 사건에 항의해 '버스 안 타기 운동'을 시작했습니다. 킹이 실시한 운동은 '흑인끼리 차 태워 주기', '웬만한 거리는 걸어 다니기' 같은 지극히

평화적이고 합법적인 것이었지만 시 당국은 킹이 불법 승차, 불법 호객 행위를 한다고 규정하고 체포했습니다. 킹에 대한 살해 위협이 이어지고 마침내 그의 집이 폭파당하는 사건이 일어났습니다. 흥분한 흑인들은 경찰과 충돌하기 시작했습니다. 일촉즉발의 상황에서 킹이 나섰습니다.

"여러분, 제 아내와 아이들은 무사합니다. 제발 무기를 버리고 집으로 돌아가십시오. 복수로는 문제를 해결할 수 없습니다. '칼을 쓰는 자는 칼로 망한다'는 예수님의 말씀을 기억해야 합니다. 백인 형제들이 어떤 일을 하든 우리는 그들을 사랑해야 합니다."

킹의 한마디에 흑인들은 흩어져 집으로 돌아갔습니다.

킹은 **몽고메리 버스 보이콧 투쟁**에서 이겼습니다. 그 후로도 킹은 애틀랜타 백화점 식당에서 백인과 따로 식사하는 것에 항의하다가 33명의 젊은 흑인과 함께 투옥되었고, 앨라배마 주 버밍햄에서는 간이식당과 고용 차별에 항의해 투옥되는 등 흑인 인권 운동의 선봉에 섰습니다.

:: 몽고메리 버스 보이콧 투쟁을 시작으로 미국 현대 민권 운동의 어머니가 된, 로사 파크

'나에게는 꿈이 있습니다'라는 제목의 연설은 바로 이 버밍햄 운동을 마무리하는 워싱턴 DC 평화대행진 집회에서 한 연설이었습니다. 이 같은 흑인 인권 운동의 결과 1964년 미국 최초로 공공장소에서 인종차별을 금지하는 법이 통과됐고 킹은 그 공로로 노벨 평화상을 받았습니다.

1968년 4월 4일 저녁 6시, 킹은 묵고 있던 호텔 난간에 서 있다 총을 맞고 죽었습니다.

마틴 루터 킹은 이렇게 한 알의 밀알이 되어 땅에 떨어졌고, 그 후 48년간 싹을 틔우고 꽃을 피워 마침내 미국 최초의 흑인 대통령 탄생이라는 열매를 거뒀습니다. 킹의 희생은 앞으로 더욱 많은 열매를 거둘 것입니다. 서로를 인간으로서 존중하자는 그의 '꿈'을 더 많은 사람이 자신의 꿈으로 나누어 가지고 있기 때문이지요. 위대한 꿈이야말로 인류 진보의 원동력입니다.

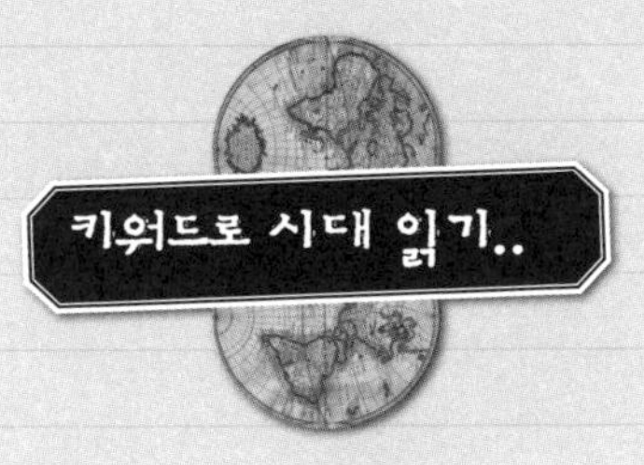

::: 팍스 아메리카나

미국의 패권주의를 비판하는 의미로 사용된 말입니다. 팍스는 라틴어로 평화라는 뜻으로, '팍스 아메리카나'는 기원전 1세기 말 200여 년 동안 지속한 로마 제국의 평화 시대를 일컬어 '팍스 로마나(로마의 평화)'라 한 데서 비롯되었습니다. 제2차 세계 대전 이후 미국은 탁월한 경제력·군사력을 앞세워 세계의 자본주의 체제를 재편·강화하는 한편, 전 지구적으로 자본·상품·노동의 자유로운 이동을 보장하는 대규모 메커니즘을 구축했으며, 이를 팍스 아메리카나 체제라 부릅니다.

:: 미국의 패권주의를 풍자하는 만평

새로운 가치를 발견한 인물 깊이 읽기

전태일 평전
조영래 글, 전태일기념사업회, 2009

불꽃같은 삶을 살다 간 노동자 전태일의 일대기를 그린 책으로 기존에 출간되었던 《전태일 평전》의 개정판입니다. 청소년이 더욱 친숙하고 정감을 느낄 수 있도록 형식과 내용을 바꾸고, 원본과 저자의 뜻이 왜곡되지 않고 정확하게 전달되도록 만들어졌습니다.

평화시장 어린 동심의 고통에 항상 가슴 저려 하며, 그들을 위해 스물두 살 청춘을 불길 속에 내던졌던 청년 노동자 전태일의 삶과 투쟁을 이야기합니다. 전태일이 자신과 동료가 겪고 있던 고난의 삶과 고통스러운 노동 현실에 분노하다가, 평화시장 노동자들과 함께 투쟁의 길로 들어서는 과정 등을 감동적으로 그렸습니다. 삶과 투쟁의 과정에서 생기는 고민, 방황, 헌신적 인간애 등을 통해 인간 전태일을 느낄 수 있습니다.

아름다운 청년 전태일
이창동 글, 커뮤니케이션북스, 2005

1970년대에 자신의 몸에 기름을 붓고 분신자살한 청계천 평화시장 노동자 전태일의 짧은 생애를 그린 영화 〈아름다운 청년 전태일〉의 시나리오입니다. 이 영화는 전태일기념사업회 주관으로 제작 위원회를 만들고 성금을 모아 제작비에 보태는 등 화제를 불러일으켰습니다. 서울 개봉관에서 24만여 관객이 보았고, 청룡영화제에서 작품상·감독상·촬영상을 받았습니다.

산업 제일주의에 눌려 노동자가 혹사당하던 1970년대 초, 노동법 준수를 외치며 분신자살하여 이 땅에 노동 운동의 불씨를 던진 전태일의 이야기입니다. 정직하고 성실하며 인간다운 생활을 꿈꾸는 순박한 젊은이, 전태일의 사람됨에 초점을 맞추고 있습니다. 시나리오를 통해서든 영화를 통해서든, 청소년이 이웃과 더불어 사는 아름다움을 느낄 수 있을 것입니다.

안중근 평전
조정래 지음, 이택구 그림, 문학동네어린이, 2007

일곱 발의 총성으로 일본의 심장을 뚫은 독립운동가 안중근의 평전입니다. 이토 히로부미를 저격한 하얼빈 의거 말고도 국채보상운동, 교육 사업, 의병 전쟁 등 수많은 구국 운동에 참여했고, 〈동양평화론〉을 통해 동아시아의 평화를 주장하려던 활동이 담겨 있습니다. 그가 주장한 동양 평화론은, 동아시아의 현재와 미래의 '평화 구도'와 공동체 모델로 인식되는 대단히 선구적인 것으로, 100년 가까이 지난 지금 적용해도 손색이 없을 정도입니다.

이 책을 통해 역사 속 인물 안중근을 이해하는 것뿐 아니라, 현대인이 바라는 미래상을 만들기 위해 필요한 안중근의 사상을 맛볼 수 있습니다.

내 마음의 안중근
사이토 다이켄 지음, 이송은 옮김, 집사재, 2002

일본의 입장에서는 용서할 수 없는 중죄인인 안중근 의사와, 그의 간수였고 한평생 안중근을 위해 공양했던 치바 토시치의 인연을 다룬 책입니다.

한국인으로서 이국 땅인 하얼빈 역에서 일본의 원훈이자 추밀원 의장인 이토 히로부미를 저격하기에 이르기까지, 청년 안중근이 걸어온 발자취, 인간적인 고뇌, 뤼순 감옥에서의 수감 생활과 재판의 진행 과정이 상세하게 담겨 있습니다.

나에게는 꿈이 있습니다
클레이본 카슨 엮음, 이순희 옮김, 바다출판사, 2000

마틴 루터 킹 생전에 출간되었거나 출간되지 않은 글들, 연설과 설교, 인터뷰와 편지, 각종 오디오 및 비디오 기록 등을 바탕으로 편집한 책입니다. 풍부한 자료 가운데서 뽑아낸 것으로 킹의 모든 면모를 살펴볼 수 있습니다.

엮은이가 밝힌 것처럼, 이 책의 어느 한 문장도 킹 자신의 것이 아닌 것이 없을 정도입니다. 시간의 순서에 따라 글과 장을 배열하고, 편집자의 의견에 따른 가필이나 윤문을 하지 않아, 킹의 생각들을 생생하게 접할 수 있습니다.

모두 리더가 되고, 서로 협력하여
새로운 가치를 만들어 갑시다

우리는 리더를 꿈꿉니다. 동시에 진정으로 믿고 따를 리더가 없음을 안타까워합니다. 청소년을 위한 리더십을 주제로 책을 쓰는 것은 이중삼중으로 어렵습니다. 자칫하면 영웅담에 빠지기 쉽고, 초인적인 리더와 그 수준에 도저히 미칠 수 없는 보통 사람들 사이의 틈을 더 적나라하게 보여 주는 결과가 될 수도 있기 때문입니다. 그럼에도 16명의 리더 이야기를 책으로 엮었습니다. 내가 이렇게 위험을 감수하는 데는 그만한 이유가 있습니다.

초등학교 때 아문센 전기를 읽고 이틀 동안 몰래 창문을 열어 놓고 자다 독감에 걸려 혼난 적이 있습니다. 아문센이 탐험가가 되기 위해 겨울에도 창문을 열어 놓고 잤다는 대목에 감동해서였습니다. 그 시절 꿈꾸던 탐험가가 되지는 못했지만, 창문을 열어 놓고 잤던 어린 시절의 무모함과 치기를 나는 지금도 그리워합니다.

믿을 것은 사람밖에 없는 우리나라입니다. 통일도 선진국 도약도 대한민국 국민의 힘으로 해 나갈 수밖에 없습니다. 청소년들의 호연지기와 담대함과 관용적 개방성과 정직한 행동이 우리나라의 미래를 결정하게 될 것입니다. 그들에게 이 책을 바칩니다. 이것이 내가 대한민국의 밝고 건강한 미래를 위해 할 수 있는 가장 좋은 일이라고 믿습니다.

이 책에서 선정한 리더들은 세계 역사에 큰 영향을 준 사람들입니다. 각 인물들이 영향력을 발휘한 시대는 지금 우리가 살고 있는 시대와 조금씩 닮았습니다. 여러분이 이들의 이야기를 통해 시대를 어떻게 읽고, 리더 상을 어떻게 정할지 고민하는 계기가 되었으면 좋겠습니다. 또 내가 소개한 리더들의 이야기에 여러분이 감동했다면, 그들의 인간 됨됨이를 본받기 바랍니다. 늘 열려 있으며, 담대하고 깊이 있는 이들의 인간적 매력이 없었다면 이 책은 참으로 무미건조한 것이 되었을 것입니다. 이런 이들이라면 누구든 여러분의 롤 모델이 되어도 좋지 않을까 싶습니다. 이들을 따라 하고 배우면서 여러분 각자 자신만의 새로운 리더십을 만들어 가길 바랍니다.

진정한 리더는 상호 존중과 관용의 실천 속에서 만들어집니다. 리더만이 리더와 협력할 줄 압니다. 여러분 모두 다른 리더와 함께하는 리더이길 바랍니다. 정치는 사랑이고 역사는 행동입니다.

2012년 가을 여의도 작업실에서

고성국